Carl-Auer

Hans-Christian Biller

Kleine Gefühle

Ein Kompendium von A wie Angstweile
bis Z wie Zauderlust

2024

Reihen- und Umschlaggestaltung: B. Charlotte Ulrich
Umschlagfoto: © Eric Isselée – stock.adobe.com
Redaktion: Uli Wetz
Satz: Verlagsservice Hegele, Heiligkreuzsteinach
Printed in Germany
Druck und Bindung: CPI books GmbH, Leck

MIX
Papier | Fördert gute Waldnutzung
FSC® C083411

klimaneutral
Mehr Bäume.Weniger CO_2

Erste Auflage, 2024
ISBN 978-3-8497-0527-5 (Printausgabe)
ISBN 978-3-8497-8485-0 (ePUB)

Bibliografische Information der Deutschen Nationalbibliothek:
Die Deutsche Nationalbibliothek verzeichnet diese Publikation in der Deutschen Nationalbibliografie; detaillierte bibliografische Daten sind im Internet über http://dnb.d-nb.de abrufbar.

Informationen zu unserem gesamten Programm, unseren Autoren und zum Verlag finden Sie unter: **https://www.carl-auer.de/**.
Dort können Sie auch unseren Newsletter abonnieren.

Carl-Auer Verlag GmbH
Vangerowstraße 14 • 69115 Heidelberg
Tel. +49 6221 6438-0 • Fax +49 6221 6438-22
info@carl-auer.de

Inhalt

Einleitung. 9
Angstweile 11
Annausea 12
Antspannung 13
Auch 14
Auflichtung 15
Aufstehtrotz 16
Ausklicken 17
Bettfrische 18
Chuld 19
Dannjetztgleichlichkeit 20
Reson 21
Dingseligkeit 22
Dunkbarkeit 23
Fin. 24
Freundeln. 25
Fühlschmacht. 26
Ganik. 27
Groon 28
Hamsterradlosigkeit 29
Heimsee 30
Hierwigo 31
Hoim 32
Holtrost 33

Ichlichkeit 34
Jäägo 35
Japp 36
Kernstolz 37
Klack 38
Kraul 39
Krumpfigkeit 40
Lafschott 41
Leervoll 42
Lostigkeit 43
Meinsamkeit 44
Morgenstilleverträumtsein 45
Nachfreude 46
Nachspannung 47
Nehmseelenschmerz 48
Nolz 49
Nontenance 50
Nuff 51
Oaa 52
Ohmoi 53
Philosofa 54
Plötzliftigkeit 55
Prospektwohligkeit 56
Rerger 57
Reststolz 58
Ritleid 59

Ruhreich 60
Rutt 61
Sansucht 62
Saugenblicklichkeit 63
Schleppression 64
Schmass 65
Schmekel 66
Schmusehunger 67
Schniiieeep. 68
Schocklustigkeit 69
Schrink. 70
Schüchforschheit 71
Schwups 72
Seelensattheit. 73
Selbstgüte 74
Selbstweh. 75
Snoozlichkeit 76
Sonntagsschwere 77
Staurigkeit 78
Stopflust 79
Strahligkeit. 80
Strass 81
Streameskummer 82
Stresshunger 83
Stücklichkeit. 84
Stummdummheit 85

Symphonia ... 86
Tilt ... 87
Trosttrotz ... 88
Überhost ... 89
Überwindungsstolz ... 90
Uileichterung ... 91
Urlaubsgefühle ... 92
  Urlaubssehnsucht ... 93
  Urlaubsaufregung ... 94
  Urlaubsehnhoneymoon ... 95
  Abreisekummer ... 96
  Deutscham ... 97
Wachwut ... 98
Waldmüdigkeit ... 99
Wanab ... 100
Wangst ... 101
Wiederlesensfreude ... 102
Woduhin ... 103
Wurgs ... 104
Wurmstolz ... 105
Wutseligkeit ... 106
Wuwut ... 107
Zauderlust ... 108
Über den Autor ... 109

Einleitung

In diesem Buch erkunden wir die Welt der kleinen Gefühle. Diese oft übersehenen Emotionen mögen unbedeutend erscheinen, aber sie können einen tiefgreifenden Einfluss auf unser Denken, Handeln und unsere Beziehungen haben. Von der Freude, in ein frisch gemachtes Bett zu schlüpfen, bis zur Frustration, nicht einschlafen zu können – dieses Buch ist eine Hommage an all die winzigen seelischen Regungen, die sich oft ganz zart und scheu auf der Leinwand unseres Innenlebens abbilden. Es erinnert uns daran, dass selbst die flüchtigsten Gefühle unsere Aufmerksamkeit und Pflege verdienen.

Im Gegensatz zur Flugscham, zum Weltekel oder zur Wiedersehensfreude haben die allermeisten kleinen Gefühle, die wir aus dem Alltag kennen, nicht mal einen richtigen Namen. Dies zumindest ansatzweise zu ändern hat sich dieses Buch zur Aufgabe gemacht. Aber keine Angst: Hier erwartet dich kein Wörterbuch. Das Buch *Kleine Gefühle* soll unterhalten, anregen, humorvolle Beobachtungen über unser Gemütsleben liefern und nicht zuletzt dazu ermutigen, sich den eigenen Gefühlen spielerisch und unbeschwert anzunähern.

Manchmal schüchtern uns unsere Gefühle ja geradezu ein, wir wissen nicht immer genau, wo sie herkommen und was sie bedeuten. Sie gehören zwar ganz eng zu uns, sie sind »wir«, erscheinen uns gleichzeitig aber wie mit einem Eigenleben ausgestattet, das wir nicht ganz verstehen und das uns irritieren kann. Und so überlassen wir unser inneres Erleben gerne den Lebensratgebern im Bücherregal und der Podcast-Bibliothek, den Selbsthilfe-Influencer:innen und natürlich den Psycholog:innen und Psychotherapeut:innen, deren Fachgebiet und Arbeitsfeld die Gefühle nun mal sind.

So gut die »Profis« auch sein mögen, am Ende kann niemand deine Gefühle besser erschließen, verstehen und beschreiben als du! Eine Botschaft dieses Buches könnte daher lauten: *Aude sentire!* Habe den Mut, dich deiner eigenen Gefühle zu bedienen, und finde deine eigene Sprache! Genau das tue ich in diesem Buch und wähle dabei einen kreativen Weg, der viele Sprachspiele, Vergleiche und Metaphern nutzt. Dieser kreative Zugang führt uns in die unerforschten Gebiete unserer Gefühlslandschaften. Einmal auf der Reise, machen wir uns mit der Flora und Fauna vertraut, wir geben den Dingen Namen und Sinn und ordnen sie in den Rest der Landschaft ein. So entstehen hoffentlich stimmige Bilder und Begriffe.

Stimmigkeit, nicht Wahrheit ist letztlich die Währung, in der sich kleine und große Gefühle messen lassen müssen. In jedem und jeder von uns öffnet sich doch ein ganz individuelles Universum an inneren Regungen, Stimmungen und Gefühlen, die sich je nach Persönlichkeit in unterschiedlichen Situationen jeweils unterschiedlich manifestieren. Ein voller Weihnachtsmarkt mag für den einen ein beklemmendes und erdrückendes Erlebnis sein, während es bei der anderen vielleicht ein eher freudvolles und nostalgisches Gefühl erzeugt. Zu fragen, wer hier recht hat, wäre unsinnig.

Und wie unterscheiden sich kleine Gefühle nun von großen Gefühlen? Vielleicht verhält es sich so wie mit den Grundfarben und all ihren möglichen Kombinationen und Nuancierungen. Wie ein Bild, das sich aus den Farben Rot, Gelb und Blau ergibt, bilden große Gefühle wie Freude, Trauer oder Wut die Basis für die Myriaden von kleinen Regungen, die sich auf unserer inneren Leinwand stets aufs Neue abbilden und so unseren ganz eigenen Film ausmachen. Jetzt wünsche ich dir viel Lesefreude!

Angstweile

Wenn man vor lauter sinnlosen Sorgen von sich selbst genervt ist

Langeweile trägt viele Früchte. Eine der sauersten davon könnte man Angstweile nennen. Wenn wir anfangen, uns zu sorgen und mit Problemen zu beschäftigen, weil wir sonst nichts zu tun haben. Oder, wie es Wolfgang Neuss sagte: »Heute mache ich mir kein Abendbrot, heute mache ich mir Gedanken.« Es ist, als ob unser Gehirn beschlossen hätte, dass es sich lieber mit den Schattenseiten des Lebens beschäftigen möchte, als mit der Leere der Langeweile konfrontiert zu werden. Und wer möchte es unserem Denkapparat verdenken? Es ist schließlich eine Problemlösemaschine, allerdings eine masochistische, die sich lieber selbst quält, als gar nicht beschäftigt zu sein. Und wie schütteln wir die Angstweile dann wieder ab? Wahrscheinlich ganz ähnlich, wie es ein Titel eines der Klassiker der Selbsthilfe-Literatur empfiehlt:

Sorge dich nicht, lebe – das hilft auch gegen Angstweile.

Annausea

Wenn wir zugleich angezogen und angewidert von Medien sind

Kennst du dieses Gefühl, wenn du denkst, »nur noch fünf Minuten«, und dich eine halbe Stunde später dabei erwischst, wie du immer noch durch den Newsfeed oder eine Social-Media-Timeline scrollst? Vielleicht hat dich anfänglich noch etwas wirklich in den Bann gezogen oder zumindest interessiert, bis du dann langsam, aber stetig ins Scrollen kommst. Mit jedem Meter, den dein Daumen auf dem Bildschirm zurücklegt, werden die Inhalte irgendwie fader, austauschbarer und belangloser. Und das liegt nicht an den Inhalten. Du bist es, der Videos von großen Gefühlen und Fotos von intimen Momenten genauso wegkonsumiert wie das Kochrezept oder den nächsten Lifehack. Und damit nimmt das Gefühl der Leere zu. Es ist ein Teufelskreis aus Anziehung und Abscheu. Wir wissen, dass es falsch ist, aber wir können nicht aufhören. Wir fühlen uns voll und trotzdem leer, als würden wir uns gerade einen leckeren Eimer Styropor gönnen. Wenn wir den Eimer dann endlich zur Seite stellen, mischt sich in die Annausea vielleicht noch ein bisschen Reue: Wir hätten vielleicht ja auch ein Buch lesen, ein Gespräch führen oder etwas anderes Echtes machen können.

An? Aus? Annausea!

Antspannung

Antspannung entsteht, wenn man sich unbedingt entspannen muss

In der Mitte entspringt ein Fluss, an seiner Quelle blüht der Lotus, und darunter liegen bergeweise Termine, Präsentationen, Deadlines und Verpflichtungen. Der Alltag ist der pure Stress, da sehnen wir uns nach Entspannung wie der Kettenraucher nach einer Zigarette inmitten eines Interkontinentalflugs. Und dann, vielleicht zwischendrin, ergeben sie sich die 10 bis 15 Minuten, in denen wir endlich mal die Seele baumeln lassen, mit dem inneren Kind spielen oder achtsam eine Stulle kauen können. Jetzt heißt es, die Zeit nutzen. Und schon ist sie da, die Antspannung. Es tritt vor allem bei Menschen auf, die keine Zeit haben, mal abzuschalten – und es genau deswegen tun müssten. Statt mit jedem tiefen Atemzug ganz langsam abzuschalten, wollen wir die maximale Entspannung aus minimaler Zeit herausholen und stressen uns nur noch tiefer in die Ausweglosigkeit.

Nur gut, dass wir die Antspannung ganz schnell mit ein paar eiligen Telefonaten und wichtigen Terminen wieder abbauen können.

Auch

Das sich plötzlich einstellende Gefühl, etwas auch haben zu wollen

»Auch« ist vermutlich eines der dominierenden Gefühle der ersten Lebensjahre. »Auch, auch, auch« hört man piepsende kleine Kinderstimmen protestieren, schreien oder ganz süß bitten, wenn Papa ein Video auf dem Handy guckt, Mama einen großen Schluck Milch trinkt oder der große Bruder ein Eis schleckt. Uns so ganz wachsen wir da nicht raus, denn natürlich fühlen wir uns als Erwachsene auch oft »auch«. Dabei hat das Auchgefühl nicht unbedingt etwas mit Neid zu tun, es geht eher darum, etwas möglichst schnell haben zu wollen, was uns jemand anderes in genau diesem Moment vorlebt. Wenn wir gerade noch zögernd vor einem Supermarktregal stehen und jemand anderes kurz entschlossen zugreift, ist die Wahrscheinlichkeit hoch, dass wir es dann auch machen. Wenn wir im Restaurant die Speisekarte studieren, ist es gut möglich, dass wir »zufällig« genau das Gericht wollen, das am Nebentisch serviert wurde. Wenn wir jemanden beobachten, der genau das in die Tat umsetzt, womit wir schon lange hadern, also z. B. mehr Sport machen, dann wollen wir das jetzt auch. Es ist also eher so, als hätte man plötzlich eine gute Idee – nur eben genau die, die jemand anders auch gerade hatte.

Wenn du das Gefühl auch kennst, kennst du das Gefühl Auch.

Auflichtung

Das Gefühl, wenn die Sonne durch das Fenster scheint und uns an die Freiheit da draußen erinnert

Da sitzen wir, eingeklemmt zwischen Drucker und Kaffeemaschine, die Akten stapeln sich zu einer unüberwindlichen Mauer, die Computermaus fährt schwerfällig über das Mousepad, der Bildschirm flimmert emsig-eintönig vor sich hin. Doch da scheint die Sonne durchs Fenster und streichelt liebevoll unsere Stirn. Sie wandert über den grauen Teppichboden, erwärmt die kalte Tastatur und erinnert uns an eine Welt jenseits der kahlen Bürowände. Für einen Moment erinnern wir uns daran, wie es sich anfühlt, im Park zu liegen oder an einem sonnigen Tag einen Eisbecher zu genießen. Wir spüren die Sehnsucht, auszubrechen, frische Luft zu atmen, die Sonne in uns aufzunehmen, während die Akten immer noch anklagend vor uns liegen. Wir fühlen uns aufgelichtet, denn dank dieses kleinen sonnigen Reminders können wir uns vielleicht wieder etwas besser motivieren – denn wir wissen jetzt:

Was zählt, ist nicht der Aktenstapel, sondern das Leben danach.

Aufstehtrotz

Das Gefühl, wenn der Wecker klingelt und wir ihn wiederholt auf »Schlummern« stellen

Jeden Morgen das gleiche Schauspiel: Der Wecker klingelt, der Arm schießt aus der Decke und drückt auf den berühmt-berüchtigten »Snooze«-Knopf. 5 Minuten, 10, 15. Das Bett fühlt sich mit jeder Minute wärmer und gemütlicher an, während das schlechte Gewissen schleichend zunimmt. Das Tageslicht, das durch die Vorhänge dringt, scheint uns kritisieren zu wollen, und der Wecker, dieser kleine Schelm, klingelt und klingelt. Er möchte uns wohl daran erinnern, dass die Welt da draußen etwas von uns will, die Arbeit, die Schule, der Tag, sie warten alle. Und mit jedem Klingeln steigen der Druck, das Schuldgefühl und damit auch der Trotz in uns – wir sind doch erwachsen, warum müssen wir uns noch immer morgens aus dem Bett quälen, als müssten wir rechtzeitig den Schulbus erwischen? Das Drücken des Snooze-Buttons wird somit zu einem kleinen Akt der Rebellion gegen die nicht enden wollenden Pflichten des Alltags.

Letztlich erinnert uns der Wecker daran, dass wir zwar den Morgen verzögern, aber das Leben nicht aufhalten können.

Ausklicken

Das Gefühl verzweifelter Wut angesichts des Versagens digitaler Anwendungen

Du hast gerade mühsam ein Formular ausgefüllt, dann aktualisiert der Browser, und alles ist weg. Du gibst online eine Bestellung auf, doch das Antwortfeld will partout nicht deine Adresse akzeptieren. Nachdem du dem Sprachcomputer der Möbelhaus-Hotline in sanfter Tonlage wiederholt deine Kundennummer mitgeteilt hast, brüllst du sie schließlich lauthals ins Telefon – natürlich auch ohne Erfolg. Vielleicht willst du aber auch nur schnell die Mails checken, doch der Browser lädt und lädt und lädt?

Für viele sind solche Situationen nervig und mehr nicht. Manche aber klicken richtig aus und erleben Gefühlszustände, die man ihnen nie zutrauen würde. Oft sind es gerade die friedlichsten Zeitgenossen, die im Umgang mit Technik ihr Hass-Ventil finden. Von einer kaum zu kontrollierenden Anspannung (erkennbar an erratisch zuckenden Augen und den weißen Handknöcheln) bis hin zu einer Welle gewaltiger Wut reicht das Spektrum des Ausklickens, äußerlich auch erkennbar an umherfliegenden Smartphones, Laptops und zu Baseballschlägern umfunktionierten Tastaturen.

Merke: Beim Ausklicken besteht Lebensgefahr – zumindest für elektronische Kleingeräte.

Bettfrische

Dieses erhabene Gefühl von Frische, wenn man in neues Bettzeug eintaucht

Leinen los fürs Wohlgefühl: Rein, sauber und manchmal frisch gestärkt empfängt uns der Stoff, in dem die Träume sind. Die weiche Berührung auf unserer Haut, die sauberen Laken, die uns umarmen – all diese kleinen Dinge kombinieren sich zu einem Gefühl des Wohlbehagens, das uns zuflüstert: Vergiss das Chaos und den Schmutz da draußen, hier bei mir ist die Welt noch in Ordnung. Möchte uns die Bettfrische an die Reinheit und Unschuld unserer Kindheit erinnern? Oder hat sie am Ende gar nichts mit dem frisch gemachten Bett selbst zu tun, sondern mit seiner impliziten Bedeutung: Schließlich hat jemand extra für uns das Bett frisch bezogen – wir sind also jemandem wichtig, und das zählt auch und besonders dann, wenn wir uns selbst das Bett gemacht haben. Vielleicht möchte uns die Bettfrische aber auch an gar nichts erinnern, sondern uns einfach nur für einen langen Tag belohnen.

Und mal ganz ehrlich, wir können alle eine kleine Belohnung gebrauchen, oder?

Chuld

Wenn man sich schuldig fühlt, ohne zu wissen, warum

Schuld ohne Grund zu empfinden kann ein ziemlich merkwürdiger Zustand sein. Während unser bewusster Verstand noch auf Ursachenforschung ist, setzt uns unser Bauchgefühl schon auf die Anklagebank. Längst nicht alle kennen dieses Gefühl, manche vielleicht nur aus Träumen. Leider gibt es uns auch nicht besonders viel, außer schweren Schultern und viel Raum für Spekulationen: Hat uns ein Geruch unbewusst daran erinnert, wie wir als Dreijährige einen Keks aus Tante Elses Süßigkeitenfach geklaut haben? Verdrängen wir vielleicht gerade eine tatsächliche Schuld? Reinszenieren wir innerlich Konflikte, die schon unsere Urgroßeltern nicht lösen konnten, oder ist unser Gehirn vielleicht einfach nur ein Tyrann, der beschlossen hat, uns schweigend ins Kreuzverhör zu nehmen?

Wie auch immer unser Plädoyer aussieht, der Chuldspruch ist klar: Albtraumhaft ohne Bewährung.

Dannjetztgleichlichkeit

Viele wissen, wie es ist zu prokrastinieren – so fühlt es sich an

Große Aufgaben bedeuten die Aussicht auf Erfolg, Wachstum, Zufriedenheit und Stolz. Sie bedeuten aber auch Anstrengung, die Möglichkeit des Scheiterns, die Konfrontation mit persönlichen Schwächen und dass man sich oft ohne klare Struktur auf etwas einlässt, von dem man noch nicht weiß, wie es sich entwickeln wird. Angesichts all der Ängste, Lustkiller, Minderwertigkeits- und Anspannungsgefühle, die die Aufgabe mit sich bringt, fühlen wir uns dann doch eher dazu berufen, auf der Stelle klar umrissene Projekte mit transparenten und schnell erfüllbaren Erfolgskriterien anzupacken, also zum Beispiel den Abwasch zu machen, die Schreibtischschublade aufzuräumen oder entfernte Verwandte anzurufen. Unserem schlechten Gewissen können wir währenddessen mit tiefster Dannjetztgleichlichkeit begegnen, heißt, wir nehmen uns ganz fest vor, die Aufgabe dann anzupacken, wenn wir uns auch ausgeschlafen, fit und konzentriert genug dazu fühlen, also dann jetzt gleich.

Willst du deine Steuererklärung sofort machen? Oder doch lieber dann jetzt gleich?

Reson

Das kleine Gefühl, das entsteht, wenn man sich im Einklang mit der Tagesstimmung fühlt

Der Himmel grau? Du auch! Die Sonne klopft schüchtern ans Fenster? Du antwortest mit einem Lächeln! Die Landschaft weit und der Himmel klar? Du fühlst dich heute besonders aufgeräumt! Das Reson ist mehr als nur ein kleines Gefühl, es ist das Gefühl der Offenheit für viele kleine Gefühle, die die Tagesstimmung mit sich bringt – wie eine innere Farbpalette, die in Resonanz mit der Welt da draußen tritt und so, je nach Landschaft, Wetterlage und Tageszeit, viele zarte und flüchtige Stimmungsbilder malt. So kann das Reson für uns ein emotionaler Seismograf sein, der die (An-)Regungen um uns herum aufnimmt und in Schwingungen übersetzt. Wenn wir die Zeit finden, diese Schwingungen wahrzunehmen, kann uns das Reson vielleicht dabei helfen, uns mit unserer Umwelt verbunden zu fühlen und uns klar darüber zu werden, dass wir Teil von etwas Größerem sind.

Das Reson hat eine Schwester: die Noser, wenn der Tag uns auf einmal erscheint, wie wir uns fühlen.

Dingseligkeit

Die tief empfundene Zuneigung zu einem Gegenstand

Nicht, dass wir uns falsch verstehen: Hier geht es nicht um Fetische, hier geht es um die reine Herzensbewegung, die entsteht, wenn wir an lieb gewonnene Dinge denken. Vielleicht fühlst du dich traurig, wenn dein alter Computer plötzlich kaputtgeht, oder du hast einen Lieblingstisch, an dem du gerne sitzt? Vielleicht pflegst du liebevoll den alten Wagen, der in deiner Garage steht, oder schaust verzückt dabei zu, wie dein Saugroboter seine Runden dreht? Diese Zuneigung zu Gegenständen kann uns ein Gefühl von Sicherheit und Geborgenheit geben. Sie kann uns daran erinnern, wer wir einmal waren, oder daran, wer wir gerne sein wollen. In Zukunft könnte dieses kleine Gefühl über sich hinauswachsen. Schon jetzt unterhalten sich Menschen mit ihren Fernsehern oder schreiben mit Bots. Wer weiß, vielleicht heulen wir uns bald bei unseren Saugrobotern aus und philosophieren bis in die Nacht mit dem elektrischen Garagentor?

Hand aufs Herz: Warum führst du dieses Buch nicht mal zum Essen aus?

Dunkbarkeit

Wenn man ein Geschenk bekommt, das man nicht mag

Wir nehmen einen amtlichen Batzen überengagierten Wohlwollens, formen ihn mit den festen Händen sozialen Normdrucks, murmeln dabei die Zauberworte »Selbst gemacht«, »Die Geste zählt«, »Gutscheine schenkt man nicht« und »Das hast du dir doch schon immer gewünscht«, lassen ein bisschen Konfetti aus frisch geraspeltem Social Script darüberrieseln, packen alles in einen Karton aus stoßfester Reziprozität und wählen nur das feinste Papier aus handgeschöpftem Schuldgefühl. Obendrauf gibt's dann noch eine große, bunte Schleife aus erwartungsvoller Freundlichkeit. Fertig ist das kleine Gefühl der Dunkbarkeit. Ein Gefühl, dass sich vor allem dann in uns regt, wenn große Augen zumindest ein kleines Dankeschön von uns erwarten, wir aber vor lauter Enttäuschung/Irritation/Unverständnis/Aufrichtigkeit (Zutreffendes bitte unterstreichen, Mehrfachantworten möglich) das Geschenk am liebsten *stante pede* zurückgeben würden.

Was also tun? Vielleicht zählt in dieser Situation vor allem, wie wir unsere Dunkbarkeit verpacken. In freundliche und aufrichtige Worte gehüllt, trägt sie dazu bei, dass die Menschen, die uns eine Freude machen wollen, in Zukunft auch wissen, wie.

Fin

Das »Das soll schon alles gewesen sein?«-Gefühl

Unser Leben ist eine Reise, geprägt von Höhen und Tiefen, Überraschungen und Vorhersehbarkeiten, Freuden und Enttäuschungen. Es gibt Etappen, die uns vor Ehrfurcht erstarren lassen, Momente, in denen wir uns auf dem Gipfel der Welt fühlen, und andere, in denen wir uns klein und unbedeutend vorkommen. Aber inmitten dieses emotionalen Langstreckentrips gibt es ein Gefühl, das uns mit den Jahren, wenn auch nur sporadisch, heimsucht: das »War das schon alles?«-Gefühl.

Vielleicht blicken wir zurück auf Jahre des Studiums, der Arbeit, der Beziehungen, der Abenteuer; zufrieden betrachten wir auch das Hier und Jetzt, sehen, was wir haben, wie gut es uns geht. Und trotz all dieser Erlebnisse und all des Erreichten klopft diese »War das schon alles?«-Frage an und bringt das Fin-Gefühl mit sich. Im Fin-Gefühl spiegeln sich unsere Erwartungen und einstigen Träume, ein Gefühl, das uns fragt, ob wir wirklich das Beste aus unserem Dasein machen und gemacht haben.

Haben wir genug riskiert? Das Beste aus uns herausgeholt? Haben wir geliebt, gelacht, geweint und geträumt? Haben wir gelebt?

Das Fin-Gefühl ist eine Einladung, unser Leben tiefer und bewusster zu leben. Denn am Ende wollen wir uns nicht fragen: »War das schon alles?«, sondern sagen: »Was für eine wunderbare Reise!«

Freundeln

Die Unlust auf einen unvermeidlichen Smalltalk

Kinder fremdeln, Erwachsene freundeln. Die Straße entlangschlendernd, die Gedanken irgendwo zwischen dem Abendessen und der Lieblingslektüre, da passiert es. Ein bekanntes Gesicht, eine vertraute Silhouette am anderen Ende des Bürgersteigs. Die innere Alarmanlage schlägt an: »Achtung, Bekannter in Sicht!«, und sofort schießen uns Fragen durch den Kopf. »Wie schnell kann ich meine Route ändern?«, »Könnte ich so tun, als hätte ich ihn nicht gesehen?«, »Vielleicht gerade sehr vertieft in eine SMS oder einen Anruf tun?«.

Es ist ein Ringen zwischen sozialer Norm und persönlicher Freiheit. Da ist dieser innige Wunsch, sich in den Schatten zu ducken, nicht weil man die Person nicht mag, sondern einfach weil man gerade in seiner kleinen Blase ist und sie nicht zerplatzen lassen möchte. Und vielleicht sind wir in solchen Momenten so sehr mit unseren Fluchtplänen beschäftigt, dass wir gar nicht darauf kommen, dass es unserem Gegenüber genauso gehen könnte. Da begegnen sich zwei Menschen, gezwungen, das gleiche Stück aufzuführen, das gleiche Spiel zu spielen, dieselben Manöver zu versuchen, beide in der Hoffnung, dem anderen nicht zu zeigen, wie sehr sie gerade freundeln.

Und wenn die Flucht nicht gelingt und das unvermeidliche »Hallo! Wie geht's?« beginnt? Dann ist es oft halb so schlimm und meistens sowieso gleich wieder vorbei.

Fühlschmacht

Die tiefgreifende Sehnsucht nach einem bestimmten Gefühl

Manchmal sehnen wir uns nicht nach einem Menschen oder einem Ort, sondern nach einem ganz bestimmten Gefühl. Fühlschmacht kann durch einen Song im Radio ausgelöst werden, der uns an die Ausgelassenheit des vergangenen Sommers erinnert. Vielleicht sehen wir ein turtelndes Paar im Park und wollen uns auch mal wieder so richtig verliebt fühlen. Es können Bücher, Filme, Erinnerungen und flüchtige Wahrnehmungen sein, die uns an bestimmte Gefühle erinnern, die wir gerne (mal wieder) hätten. Vielleicht ist es das Kichern unter Freunden, das uns an diese tiefe Verbundenheit aus Kindheitstagen erinnert, oder das Gefühl von Freiheit, das ein Roadmovie vermitteln kann. Dabei schmachten wir genauso gut und gerne nach Gefühlen, die wir schon kennen, als auch nach denen, die uns noch unbekannt und unerforscht sind. Wie fühlt es sich wohl an, die Nordlichter zu sehen? Oder auf einer Bühne vor Hunderten zu stehen?

Fühlschmacht zeigt, dass unsere emotionale Palette weit und bunt ist. Es ist ein lebendiger Beweis dafür, dass wir immer auf der Suche sind, mehr zu fühlen, tiefer zu tauchen und unsere emotionale Welt zu bereisen. Ein kleiner Stups, der uns daran erinnert, dass es immer noch so viel zu entdecken gibt – in der Welt und in uns selbst.

Jede Sehnsucht ist eine Einladung, unser Leben neu zu gestalten.

Ganik

Die milde Angst vor der Apokalypse

Das Erreichen der Klimaziele ist so gut wie nicht zu schaffen und eine katastrophale Erwärmung *vorprogrammiert, sodass wir im nächsten Urlaub wieder in das nette Hotel fahren.*

Nicht nur Tier-, sondern auch Pflanzenarten sterben in massivem Umfang aus, dabei ist gerade die Flora unser größter *Schatz, bringst du bitte die Pantoffeln aus dem Schlafzimmer mit? Danke!*

Auch, dass künstliche Intelligenz schon bald die Menschheit auslöschen wird, ist *gut möglich, dass wir heute Abend noch einen Tisch bei unserem Lieblingsitaliener bekommen, ist das nicht toll?*

Wie praktisch, dass wir immer wieder auf andere Gedanken kommen, wenn die Panik gerade Fahrt aufnimmt. Statt über Klimakollaps, KI-Armageddon, Artensterben, dem Wahnsinn verfallene Despoten und andere Weltenbrandstifter in haltlose Angst zu verfallen, erhalten wir so eine eher mittelmäßige Beunruhigung, mit der wir wunderbar hantieren können.

Du kannst über das Ende der Zivilisation nachdenken – oder darüber, dass Optimismus rückwärts »Sumsi mit Po« ausgesprochen wird.

Groon

Wenn man die Gewissheit empfindet, reifer und weiser als früher zu sein

Wer wissen will, was Groon ist, sollte einen alten Baum befragen. Bereit? Dann lassen wir ihn doch mal erzählen: Wie alle Bäume wächst auch unser Baum langsam und stetig, entwickelt mit jedem Jahr mehr Zweige und Blätter. Nach Jahren dann schaut er auf sein Wachsen und Werden, auf die Risse in der Rinde, auf das Harz, das ihn heilte, auf die Äste, die früher noch im Wind erzitterten und ihn jetzt mächtig krönen, und dann ist da dieses Gefühl von innerer Stärke, von Selbstbewusstsein und Zuversicht: Groon.

Groon kann auch mit einem Gefühl von Gelassenheit verbunden sein, da man gelernt hat, Dinge in Perspektive zu setzen und mit Herausforderungen auf eine reife Art und Weise umzugehen. Dann steckt in Groon auch ein Gefühl der Dankbarkeit, da man erkennt, wie viel man gelernt hat, wie viel man noch lernen kann und auf wen man vertrauen konnte. Solltest du dich noch nicht so groon fühlen, kein Problem: Du hast das Buch ja noch nicht zu Ende gelesen.

Groon ist wie ein reifer Wein, der sich einen Schluck von sich selbst gönnt.

Hamsterradlosigkeit

Das Gefühl, im Hamsterrad zu stecken

Es gibt zwei Arten im Hamsterrad »voranzukommen«: Rennen, dann hat man immerhin das Gefühl, dass es bergauf geht, ist aber anstrengend. Schleichen, dann erkennt man zwar, dass man auf der Stelle tritt, ist aber eher deprimierend. Wie auch immer dein Modus im Hamsterrad aussieht, sobald sich die Hamsterradlosigkeit einstellt, stehen alle Zeichen auf Exit. Es ist schließlich sinnentleert, wenn man einfach nicht vorankommt und Kollegen, Eltern, Chefs und alle anderen inneren und äußeren Antreiber auch noch Druck machen, auf die Überholspur zu gehen. Doch tröste dich: Dank der Hamsterradlosigkeit bist du dir deiner Lage immerhin bewusst. Dies ist der erste Schritt auf dem Weg zum Ausbruch! Jetzt bloß nicht Anlauf nehmen (Energieverschwendung), sondern einen Gang zurückschalten, aussteigen und dir in aller Ruhe klar werden, wohin deine Reise gehen soll.

Solltest du dich jetzt auf einmal wie in einem Hamsterkäfig fühlen – keine Sorge, wenn du es aus dem Hamsterrad geschafft hast, können dich ein paar Gitterstäbe nicht mehr aufhalten.

Heimsee

Heimsee ist ein Vitalgefühl, das uns auf körperliche Bedürfnisse hinweist

Genauer gesagt, darauf, diese Bedürfnisse möglichst bald zu verrichten. Und das umso intensiver, je näher wir den eigenen vier Wänden kommen

Treppenstufen können Geschichten erzählen: von Kindern, die auf ihnen runterrutschen, von Alten, die sich auf ihnen hochquälen – und von einer ganzen Heerschar an Menschen mit Heimsee. Menschen, die die Stufen hochrennen, als wäre irgendwo da oben heute Winterschlussverkauf. Hach, Heimsee, du verrücktes Körpergefühl, du scheinst dich mit Uhr und Landkarte ausgestattet zu haben. Denn, du liebes Heimsee weißt genau, wie weit es noch zur Tür ist und wie lange wir noch brauchen, bis wir zu Hause sind. Kurz vorher meldest du dich und flüsterst uns zärtlich zu: »Du schaffst das nicht! Heute geht es in die Hose. Und das wird peinlich. Also, renn! Renn, renn, renn um deine Würde!«

Und dann rennen wir, die Treppe hoch, die Tür hinein, mit tausend Jacken und Rucksäcken, nur schnell aufs stille Örtchen. Und das Heimsee lacht, und die Treppen auch. Nur wir dürfen uns das jetzt nicht erlauben.

Hierwigo

Das Gefühl von Synergie und Harmonie in einem Team

Zusammenarbeit kann oft mühsam sein, doch manchmal verschmelzen die Kräfte eines Teams zu einer nahtlosen Einheit. Wenn jeder und jede Einzelne seine bzw. ihre Rolle versteht und sie mit Können und Engagement ausführt, entsteht das »Hierwigo«-Gefühl: Jeder Schritt, jede Entscheidung, jeder Gedanke fließt nahtlos ineinander, wie im Sport, wenn jeder Spieler und jede Spielerin intuitiv weiß, wo sich die anderen befinden, und der Ball von einem zur anderen fliegt, wie in einer gut einstudierten Choreografie – das ist Hierwigo.

Hierwigo kann uns überall begegnen, wo wir Menschen antreffen, die etwas gemeinsam unternehmen oder erreichen wollen: von der Familie, die zusammen das Frühstück zubereitet, bis hin zum alten Ehepaar, das gemeinsam einkaufen geht. Es ist eine Harmonie, die sich oft in den kleinen Momenten des Alltags zeigt, und entsteht nicht über Nacht. Sie ist das Ergebnis von Vertrauen, gegenseitigem Respekt und vielen gemeinsamen Stunden.

War das jetzt Arbeit oder ein gemeinsames Abenteuer?

Hoim

Das kleine, aber schöne Gefühl, nach Hause zu kommen

Zu Hause ist, wo dein Herz ist, sagt ein Sprichwort. Zu Hause ist aber auch, wo du die Tür hinter dir zuwerfen kannst und die Welt da draußen … da draußen lassen kannst. Schon nach einem langen Arbeitstag kann es sich anfühlen, als wäre man nach einer langen Reise endlich angekommen – nur ohne Jetlag und vorherigen Gepäckbandstress. Du atmest tief durch, lässt die Strapazen des Tages von dir abfallen und spürst, wie du dich allmählich immer behaglicher, sicherer und entspannter – eben hoim – fühlst. Es ist etwas in dir, ist aber auch etwas an deinem Zuhause: Vielleicht das vertraute Knarren des Bodens, die unfassbare Verlässlichkeit der Lichtschalter, die sich nie auch nur einen Millimeter wegbewegen, oder die Menschen, die hinter der Tür, die Welt und Zuhause voneinander trennt, schon auf dich warten.

Wo auch immer dein Hoim herkommt: In dir ist es zu Hause.

Holtrost

Die Leere, die bleibt, wenn wir uns nur ablenken, statt wirklich Trost zu suchen

Manchmal kann es passieren, dass wir uns traurig fühlen und nach einem schnellen Trost suchen. Vielleicht greifen wir zu einer Tafel Schokolade oder gehen shoppen, um uns abzulenken. Doch oft bleibt ein seltsamer Nachgeschmack, der sich nicht einfach wegschlemmen oder -kaufen lässt: ein Gefühl, das man »Holtrost« nennen könnten. Es ist das buchstäbliche trostlose Gefühl, das aufkommt, wenn wir nur oberflächlich auf uns eingehen und unser Innerstes dabei vernachlässigen – wie bei einem weinenden Kind, das ein Gummibärchen in den Mund gesteckt bekommt, statt in den Arm genommen zu werden. Wir fühlen uns zwar für einen kurzen Moment besser, bleiben letztlich aber mit unserem Schmerz allein.

Also, wenn du dich mal wieder mit einem Stück Schokolade trösten möchtest, denke daran: Es ist okay, sich kurzzeitig etwas Gutes zu tun. Aber vergiss nicht, dass echter Trost von innen kommt und es manchmal wichtig ist, sich selbst in den Arm zu nehmen.

Ichlichkeit

Das schwerelose Gefühl, sich vielleicht auch nur für ein paar Augenblicke ganz und gar selbst zu genügen

Die Grundbedürfnisse gestillt, die Füße fest auf dem Boden, der Blick zum Horizont, vielleicht eine warme Tasse Tee oder Kaffee in der Hand, spürst du in dich hinein und findest statt Aufgaben, Tagesproblemen, Blockaden, Ängsten und Hamsterradgedanken plötzlich so ein warmes, zuversichtliches Gefühl: Du bist eine gemütliche Decke, die sich mit sich selbst zudeckt – du fühlst dich ichlich. Wenn deine Seele T-Shirts im Internet bestellen könnte, würde sie jetzt eins mit der Aufschrift »Einfach nur sein« in den Warenkorb legen und vor lauter Ichlichkeit vergessen zu bestellen. Das Schöne an dem kleinen Gefühl der Ichlichkeit ist auch gleichzeitig das Erschreckende daran: Wie ein großes Wandbild in einem trubeligen Museum ist es eigentlich immer da – ohne so richtig bemerkt zu werden. Es fügt sich in den Hintergrund und macht Platz für die schrillen, bunten und lauten Exponate, die unsere ganze Aufmerksamkeit abziehen. Manchmal müssen wir uns eben nur etwas Zeit nehmen, unsere eigene Ichlichkeit wahrzunehmen, bevor sie in den Wogen des Alltags untergeht.

Wenn Hygge der Tesla unter den gemütlichen Gefühlen ist, dann ist Ichlichkeit ein alter VW-Käfer.

Jäägo

Wenn du spürst, der Tag kann kommen

Goood Moooorning, du verrücktes Huhn! Manchmal öffnen wir am Morgen die Augen und wissen: »Heute wird ein guter Tag.« Das Piepen des Weckers kannst du getrost ignorieren, denn du spürst in dir schon eine beschwingte Melodie, einen pumpenden Soundtrack, der dich mit voller Energie durch den Tag begleiten wird. Du fühlst dich jäägo, also bereit für alles, was der Tag bringen wird – sei es eine schwere Prüfung, eine wichtige Besprechung oder einfach nur ein entspannter Tag zu Hause. Jäägo, ein kleines, aber wunderbares Gefühl, das dich motiviert und inspiriert, das Beste aus dem Tag herauszuholen. Du kannst das Jäägo nicht erzwingen, aber du kannst ihm mit einem Morgenritual auf die Sprünge helfen. Eine Runde Sport oder Yoga, einen Schluck Kaffee oder einen großen Löffel vom Lieblingsmüsli? Was auch immer dein Ding ist, Routinen können dir dabei helfen zu spüren, dass du den Tag in der Hand hast und so schnell nicht mehr hergibst.

Jäägoisten sind keine Egoisten, denn sie haben sich den Tag zum Freund gemacht.

Japp

Das Gefühl des kleinen Erfolgs im Alltag

Keine Frage, der Alltag kann oft dröge sein, aber er steckt auch voller kleiner Japp-Momente. Kostproben? Du steuerst an der Schlange im Supermarkt vorbei, und genau vor dir macht eine Kasse auf, an der du nun ganz vorne stehst. Japp! Du parkst rückwärts ein, und das Auto gleitet in einem Zug perfekt in die Parklücke. Japp! An der Tankstelle lässt du die Zapfpistole genau in dem Moment los, als ein runder Betrag erreicht wird. Japp! Du schälst eine Mandarine – an einem Stück. Japp! Du wirfst eine Socke in Richtung Wäschetonne und triffst. Japp! Während des Werbeblocks zappst du weiter und schaltest genau zu dem Zeitpunkt zurück, wenn der Film weitergeht. Japp. Du brauchst 70 Cent für den Snack-Automaten, und was hast du zufällig passend in deiner Hosentasche? Genau! Japp! Diese Momente sind das Bonusprogramm des täglichen Lebens und das Japp-Gefühl die Prämie. Auch wenn es nur winzige Dinge sind, können sie uns doch einen kleinen Schub geben und uns beschwingt durch den Tag gehen lassen. Wir sollten uns häufiger bewusst machen, wie oft diese kleinen Erfolge tatsächlich vorkommen, und uns darüber freuen.

Japp? Japp!

Kernstolz

Das trotzigtraurige Gefühl, wenn nur noch du an dich glaubst – und das vollkommen reicht

Hast du schon mal eine Prüfung nicht bestanden, wurdest verlassen oder hast deinen Job verloren? Keine schöne Erinnerung! In solchen Situationen fällt es leicht, deine Freude, deine Leichtigkeit und deine Zuversicht zu verlieren. Die Frage ist nur, ob du auch den Glauben an dich selbst verlieren möchtest. Nein? Das heißt, dass du dich trotz allem noch stolz genug fühlst, kernstolz, um genau zu sein. Du bist ein verwundeter Löwe, der noch immer seine Majestät und Kraft ausstrahlt. Du bist das letzte Blatt an einem Baum im Herbst, das sich weigert zu fallen, obwohl es von starken Winden gepeitscht wird. Du hältst dich fest, um allen zu zeigen, dass du noch immer lebst und dass du immer noch etwas zu geben hast. Kernstolz entsteht zwar in Situationen der Schwäche, weist uns aber wie kaum ein anderes Gefühl auf unsere Stärken hin, als wolle es uns sagen, dass das Rennen noch nicht vorbei ist und wir noch immer ganz vorne stehen können, wenn wir nur an uns glauben.

Kernstolz ist, wenn du als Letzter durchs Ziel kommst und trotzdem gewonnen hast.

Klack

Klack ist ein kleines Gefühl des Glücks, wenn äußere Welt und inneres Erleben sauber ineinandergreifen

Du kannst die Ruhe im Sturm sein, du kannst aber auch der Sturm inmitten absoluter Ruhe sein. Das Außen und das Innen müssen nicht immer übereinstimmen – und das ist total in Ordnung so. Manchmal aber treffen sich Außen und Innen zu einer innigen Umarmung. Bei einer dieser Gelegenheiten macht es dieses Geräusch: Klack. Wenn du in der Außenwelt Ordnung herstellst und du dich im selben Moment auch innerlich wie aufgeräumt fühlst: Klack. Der Staubsauger zieht die letzten Müsliflocken aus dem Flokatiteppich hoch. Klack. Du legst das Putztuch weg und setzt eine lupenreine Brille auf. Klack. Dein Finger fährt über das Bücherregal und alles staubfrei. Klack. Dein Auto verlässt blitzeblank die Waschanlage. Klack.

Wenn sich das Buch über kleine Gefühle liest, als wäre es nur für dich geschrieben worden. Klack. Klack. Klack

Kraul

Das Gefühl der Verbundenheit mit Tieren

Wenn der Nachbarshund schwanzwedelnd an einem vorbeistolziert und man sich ein Lächeln nicht verkneifen kann oder wenn man diesen einen, etwas zickigen Parkvogel besonders mag, dann ist das Kraul pur. Es ist nicht Tierliebe, nicht das Gefühl, das uns dazu bringt aktiv, etwas zu tun, es ist eher eine stille Zuneigung, eine nichts-wollende Freundschaft zwischen Mensch und Tier.

Es kann das simple Vergnügen sein, einem jungen Hund beim Spielen zuzuschauen, die Anerkennung, die mitschwingt, wenn wir unseren Kindern erzählen, dass Eichhörnchen den ganzen Winter über Futter suchen müssen, oder das fast neidische »Auch«-Gefühl (siehe S. 14), wenn wir eine Katze betrachten, die genüsslich in der Sonne faulenzt: »Hat die's gut!«

Was Tiere in uns auslösen, sagt mehr über uns aus als über die Tiere.

Krumpfigkeit

Das Gefühl, ein Problem nicht loslassen zu wollen, obwohl es unlösbar oder schon längst gelöst ist

Kennst du die Geschichte von dem betrunkenen Mann, der seine Schlüssel unter einer Straßenlaterne sucht, weil das Licht dort besser ist, nicht, weil er sie dort verloren hat? Genau dies ist auch schon die Pointe der Geschichte. Dabei wäre es doch spannend zu wissen, wie sich der Mann fühlte, als er langsam ahnte, dass er mit dieser Strategie nicht weiterkommt. Eigentlich hätte er ja Grund zur Freude, schließlich kann er nun einen Schlussstrich unter seine absurde Suche setzen. Eigentlich … eher vorstellbar ist eine emotionale Reaktion, irgendwo zwischen Stolz, Scham und Sturheit, die dazu führen kann, dass wir aller Vergeblichkeitserkenntnis zum Trotze stumpf weitermachen. Vielleicht verhält es sich mit vielen unseren Problemen ähnlich wie in der Geschichte des Mannes – wir klammern uns an sie, weil sie uns vertraut sind, und wir lassen sie nicht los, weil wir schon so viel in die vergebliche Lösung investiert haben. Dabei wünschen wir uns und dem Mann in der Geschichte genau das: einfach loszulassen.

Ohne Problem bringen auch die schönsten Lösungen nichts.

Lafschott

Die spontane Zuneigung zu einer fremden Person

Manchmal ist das Leben surreal, wir kommen uns vor wie in einem Film oder in einem Roman. Hierzu gehören auch die flüchtigen und doch intensiven Begegnungen mit einem oder einer Fremden. Man sitzt in einem Café oder in der Bahn, man schaut aus dem Fenster, man geht durch eine belebte Straße, und plötzlich fällt der Blick auf eine Person, die man zuvor noch nie gesehen hat – und ein zufälliger Blickkontakt elektrisiert.

Es ist nicht nur das Äußere dieses unbekannten Menschen, das uns fesselt. Es ist die Neugier, die Geschichten, die wir uns über diese Person ausmalen, das Geheimnis, das sie umgibt. Für einen Moment, vielleicht nur wenige Sekunden, fühlen wir eine Zuneigung, eine Sehnsucht nach Verbindung, die nur schwer in Worte zu fassen ist – zwei Geschichten, die an einer bestimmten Stelle der Handlung zusammen treffen, um dann einfach wieder auseinandererzählt zu werden.

Lafschott ist ebenso unergründlich wie faszinierend. Es erinnert uns daran, wie komplex und vielschichtig unsere Emotionen sein können, wie schnell wir uns von einem Moment, einem Blick verzaubern lassen können.

Meist verblasst das Gefühl ebenso schnell, wie es entstanden ist, doch manchmal hinterlässt es ein bittersüßes Echo von dem, was hätte sein können.

Leervoll

Das dekadente Gefühl, irgendwie noch mehr zu wollen, ohne zu wissen, was

Eine typische Szene, wie wir sie alle von Luxuslinern und neureichen Gelagen kennen: Ein eher rundliches Kind in einem teuren, etwas zu kurz geratenen Matrosenanzug, wälzt sich tobsüchtig auf dem Parkett vor dem gigantischen Buffet, den Mund vollgestopft mit Kuchen, die Hände von Cola verklebt, und es schreit und hämmert mit den kandierten Fäusten auf den Boden, weil einfach nichts dabei ist. Dabei wurde das Buffet doch extra thematisch nach Erdepochen geordnet und durchläuft verschiedene Klimazonen! Ist die kilometerlange Servierplatte nicht groß genug?

Es kann gut sein, dass du nicht wie dieses verwöhnte Kind bist, aber vielleicht kennst du das Gefühl ja doch im Ansatz: Eigentlich bist du satt, aber irgendwie soll es noch was sein. Eigentlich gibt es auch von allem, und zwar reichlich, aber irgendwie ist nicht das Richtige dabei. Wir sind einfach nicht zufrieden beziehungsweise zu befriedigen – als hätten wir ein verwöhntes Kind in uns, das den Mund nicht voll genug kriegen kann.

Darf's noch ein bisschen mehr sein? Ein Pfefferminzblättchen vielleicht?

Lostigkeit

Wenn du erheitert feststellst, dass du nicht weißt, welcher Wochentag ist

Viele haben dieses Gefühl im Lockdown erlebt, manche kennen es aus den Ferien oder anderen Zeiten des süßen Nichtstuns. Dabei ist es eigentlich weniger ein Gefühl von etwas als ein Gefühl ohne etwas. Sobald Termine, Tagesrhythmen und Wochenkalender sich durch die imaginierte Drehtür der protestantischen Arbeitsethik verabschieden, taucht es auf der anderen Seite auf, mit schiefer Sonnenbrille, Adiletten und Cocktail in der Hand, dieses lostige Gefühl, das auf all die Fragen nach der Uhrzeit oder dem Wochentag mit einem zutiefst gelassenen und fröhlich verpeilten »Häää?« antwortet. Wenn du dich lostig fühlst, spielen Uhrzeiten und Wochentage keine Rolle mehr, höchstens die Frage, ob die Supermärkte aufhaben oder der Pizzaservice noch liefert. Sich ab und zu lostig zu fühlen ist keine Schande, solange es nicht zum Dauerzustand wird. Auch insofern ähnelt das Gefühl der Lostigkeit dem Tragen einer Jogginghose.

Wenn gestern morgen heute war, dann ist übermorgen heute vorgestern.

Meinsamkeit

Wenn man sich nach ein bisschen Einsamkeit sehnt

Gerade, wenn wir schon viel Zeit in und mit Gesprächen verbracht haben, wollen wir einfach mal alleine sein, die Gedanken schweifen lassen, vielleicht ein Buch lesen, vor allem aber mit niemanden mehr reden. Wir träumen uns auf eine einsame Insel. Das muss dann gar keine Südseeinsel sein, oft reicht eine kleine Insel der Ruhe im Alltag schon aus, um uns für eine halbe Stunde oder mehr ein Ort der Ruhe zu sein. Es ist wie die Vorfreude auf ein Rendezvous mit sich selbst. Eine Zeit, um sich zu sammeln und aufzutanken, um neue Kraft zu schöpfen. Man kann in seiner eigenen Welt versinken, ohne von anderen abgelenkt oder beeinflusst zu werden. Man muss keine Fragen beantworten, nicht zuhören, keine Versprechen einhalten, sich nicht rechtfertigen oder erklären, man darf einfach nur sein oder »einfach nur sitzen«, um es mit Hermann aus dem berühmten Loriot-Sketch zu halten.

Wer sich meinsam fühlt, hat nicht zu viel von den anderen, sondern zu wenig von sich selbst.

Morgenstilleverträumtsein

Das Gefühl kurz vor dem Aufwachen, wenn die Welt zwischen Schlaf und Bewusstsein schwebt

»Morning has broken like the first morning« – die Stimmung, die Cat Stevens in diesem Lied einfängt, die steckt auch im Morgenstilleverträumtsein. Es ist jener intime Moment kurz vor dem Erwachen, wenn die Welt zwischen Schlaf und Bewusstsein schwebt – am besten zu erfahren an freien Tagen, wenn uns nichts aus dem Bett zwingt. Die ersten zarten Sonnenstrahlen bahnen sich ihren Weg durch das Fenster, streicheln das Gesicht und bringen jene angenehme Wärme, die zum Nachträumen einlädt. Vielleicht ist es aber auch das Geräusch des morgendlichen Regens, das uns in diesen tranceartigen Zustand versetzt, einen zeitlosen Zwischenraum, frei von alltäglichen Sorgen, Ängsten und Konflikten. Hier tanken wir noch einmal Ruhe und lassen die Gedanken frei fließen. Wir sind ganz nah an unseren Bedürfnissen und Wünschen, spüren ganz direkt, was wir gerade brauchen und wohin wir uns sehnen.

Morgenstilleverträumtsein ist ein flüchtiges, aber tiefgreifendes Gefühl der Selbstverbindung.

Nachfreude

Freude, die nachschwingt

Vorfreude kennt jeder. Nachfreude auch, nur dass wir uns oft gar nicht dessen bewusst sind, dass die Freude, die wir in einer bestimmten Situation erleben, noch nachschwingen und uns mit in ganz andere Situationen begleiten kann. »Warum bist du so gut drauf?«, fragt uns vielleicht ein Kollege verwundert. »Bestimmt nicht wegen des anstehenden Zwei-Stunden-Meetings«, denken wir und wissen selbst nicht so genau, woran es liegen könnte, dass wir auch angesichts der bald folgenden 100-Folien-Präsentation am liebsten ein Liedchen pfeifen würden. Dabei könnte es helfen, mit der viel beschworenen Achtsamkeit der Frage des Kollegen nachzuspüren. Dann käme uns vielleicht in den Sinn, dass es doch etwas gab, ein Lächeln, eine Aufmerksamkeit, ein schöner Gedanke, ein kleines Glück am Wegesrand, das uns ganz unbemerkt gefolgt ist, nur damit es uns jetzt ein kleine (Nach-)Freude machen kann.

Nachfreude abgeklungen? Kein Problem! Freu dich einfach aufs nächste Mal. Vorfreude ist bekanntlich die schönste Freude.

Nachspannung

Das nachdenkliche Gefühl, das gute Filme in uns auslösen können

Das Licht geht an, der Abspann rollt über die Leinwand, und der Saal beginnt, sich langsam zu leeren. Doch während sich viele rasch erheben und zum Ausgang strömen, bleiben einige regungslos sitzen, von einem Gefühl gefangen, das sich im Laufe des Films in ihnen aufgebaut hat und jetzt die Klimax erreicht: die Nachspannung.

Es ist, als würde man aus einem Traum erwachen, wobei die Grenze zwischen Realität und Fiktion fließend und unscharf erscheint. Es kann das Nachwirken einer starken Szene sein, die unsere Sinne noch immer gefangen hält. Es kann die Auseinandersetzung mit komplexen moralischen Fragen sein oder unser Mitgefühl mit einem Charakter, das wir eben noch so stark erlebt haben und nun loslassen. Die Nachspannung kann uns dazu bringen, unser eigenes Leben, unsere Entscheidungen und unsere Weltanschauung zu überdenken.

Nachspannung schickt uns auf eine emotionale Reise, die weit über die Dauer des Films hinausgeht.

Nehmseelenschmerz

Die Enttäuschung angesichts der Teilnahmslosigkeit der Dinge

Nehmseelenschmerz entsteht oft unerwartet. Das Haus, das uns Schutz gewährt, die Straße, die Zeuge unzähliger Spaziergänge war, oder die persönlichen Gegenstände, die uns so wertvoll erscheinen – so viel Emotion, wie wir in sie hineinlegen, so wenig interessieren sie sich für uns. Unser Kuscheltier aus Kindheitstagen, unser geliebter Esstisch, an dem wir so viele schönen Momente verbracht haben, das stets gepflegte Auto in der Garage – wir sind ihnen absolut gleichgültig.

Meistens bemerken wir das nicht. Doch manchmal kommt dieser Gedanke hoch und damit auch ein Gefühl der Befremdung: Diese Gegenstände, Identitätsträger, Speichermedien und Ausweise unserer Lebensgeschichte, bedürfen unserer nicht, werden uns überdauern. Vielleicht werden sie da sein, wenn wir streiten und zerbrechen, wenn wir leiden, erkranken, sterben – und dann werden sie unbeeindruckt einfach weiterexistieren. Das Haus wird weitere Bewohner beherbergen, die Straße wird von neuen Fußgängern beschritten, unsere Habseligkeiten werden jemandem anders gehören, der nichts von unserer Existenz ahnt.

Lassen wir uns nicht von der stoischen Ruhe unseres Sofas deprimieren. Sitzen wir lieber darauf und genießen die Zeit, die wir zusammen haben.

Nolz

Das Lebensgefühl der Generation Imposter – und derer, die nur so tun

Was wiegt eine Goldmedaille? 100 Gramm? Ein halbes Pfund? Lass uns nicht weiter raten – mit Goldmedaillen ist es nämlich so: Das gefühlte Gewicht und das reale Gewicht klaffen manchmal recht weit auseinander. Dann fühlt sich die Goldmedaille nicht wie eine Ehrung, sondern wie eine tonnenschwere Bürde an, die uns mit all ihrem Gewicht auf den Boden der Schande drücken möchte. Weil wir glauben, dass wir diese Ehre nicht verdienen, dass wir lange nicht so gut sind, wie »alle« denken, dass wir im Grunde Betrüger sind, die nicht hier auf dem Siegertreppchen stehen, sondern uns voller Nolz im Keller einsperren sollten. Doch wir müssen nicht auf den Sportplatz gehen, um nolze Momente zu finden, auch in Teammeetings, Hörsälen und Einfamilienhäusern ist dieses kleine, unangenehme Gefühl oft zu Hause. Kennst du es auch? Dann tröste dich: Die Forschung zum Imposter-Phänomen hat gezeigt, dass Nolz mit Intelligenz zusammenhängt. Je intelligenter die Menschen, desto wahrscheinlicher ist es, das sie an ihren eigenen Fähigkeiten und Leistungen zweifeln, auch wenn alle anderen das Gegenteil sehen.

Kurz gefasst: je schlauer, desto nolzer.

Nontenance

Das Gefühl, umso mehr lachen zu müssen, je weniger wir es dürfen

Manche Gefühle scheinen einer simplen Regel zu folgen: Je stärker du mich ignorierst, als desto stärker wirst du mich erleben. Im pathologischen Sinne spielt dies z.B. bei Angststörungen eine Rolle, bei denen die »Angst vor der Angst« und ein daraus folgendes Vermeidungsverhalten aufrechterhaltende Faktoren darstellen. Doch dieser Mechanismus kann auch richtig viel Spaß machen – ganz buchstäblich dann, wenn wir etwas lustig finden, aber nicht lachen dürfen, weil wir unbedingt eine seriöse Fassade wahren müssen. Stichwort Elternabend, Stichwort Krisensitzung, Stichwort Kennenlernen der stocksteifen Schwiegereltern.

In solchen Situationen können uns Dinge, die uns sonst vielleicht nur ein müdes Lächeln abringen, in ein hochexplosives Gemisch verwandeln, das jederzeit in ein ganz und gar unverhältnismäßiges, kontinenz- und karrieregefährdendes Prusten übergehen kann.

Noch nie nontenant gefühlt? Das wäre doch gelacht!

Nuff

Das Schnauze-voll-Gefühl

Wenn du keinen Bock mehr hast, die Grenze erreicht und deine Geduld am Ende ist, die Stimmung im Keller liegt, du die Faxen dicke hast und am liebsten alles hinschmeißen willst, wenn der Bogen bei Weitem überspannt ist, es dir für heute reicht, weil dir der Stecker gezogen wurde, du das jetzt nicht auch noch machen willst, dein innerer Mittelfinger Streckübungen macht, du die Nase gestrichen voll hast und die Schnauze auch, es einfach genug und das Maß voll ist, du die Flinte ins Korn und das Handtuch hinterherwerfen willst, wenn dein innerer AB heute keine Anrufe mehr annimmt, du die Sache echt leid bist, einfach nicht mehr willst und kannst und überhaupt genug hast, wenn deine Motivation mit deinem Optimismus durchgebrannt und deine Lebensfreude »nur mal schnell Zigaretten holen gegangen« ist, wenn du den Kopf in den Sand stecken und die Segel streichen möchtest, weil dir das alles zum Hals raushängt, du das HB-Männchen um seine Ausgeglichenheit beneidest, weil es jetzt wirklich mal langsam reicht, dann ist genug genug und schlicht und ergreifend nuff für heute.

Wenn du nuff nicht kennst, bist du entweder sehr ausgeglichen oder hast deine Steuererklärung noch nie selbst gemacht.

Oaa

Das Gefühl des kleinen Staunens über das Leben, das Universum und den ganzen Rest

Manchmal überkommt es uns einfach so, dieses kleine mystische Gefühl des Staunens über die Dinge, die auf den ersten Blick so selbstverständlich erscheinen, bei näherer Betrachtung aber voller Wunder stecken. Wir beobachten die Sterne am Himmel und fragen uns, wie weit das Universum reicht. Wir fahren nachts auf der Autobahn, und die unzähligen Lichter der Autos erinnern uns an all die Geschichten, Pläne und die unendlich vielen kleinen Gefühle, die in diesen Blechkisten sitzen und, wie wir, auf dem Weg irgendwohin sind. Wir beobachten die Natur und sind fasziniert von ihrer Schönheit und Komplexität. Wir betrachten unser eigenes Leben und fragen uns, welche Rolle wir wohl in diesem großen Kosmos spielen. Es gibt viele Momente der alltäglichen Mystik, Oaa-Erlebnisse, in denen wir uns gleichzeitig klein, aber auch aufgehoben, verbunden mit allem um uns herum fühlen. Vielleicht sind es diese kleinen Augenblicke des Staunens, die auch den monotonsten Alltag in etwas Wunderbares verwandeln können.

Ach, du staunst gar nicht so oft? Darüber solltest du dich wundern!

Ohmoi

Das seltsame Gefühl, über sich selbst erschrocken oder entsetzt zu sein

Das kleine Gefühl des Ohmois ist gewissermaßen das Gegenteil eines Déjà-vu. Hier haben wir das Gefühl, etwas schon einmal erlebt zu haben, wissen aber gleichzeitig, dass das nicht möglich ist. Da ist es genau andersherum: Wir wissen, dass etwas geschehen ist, können aber nicht glauben, dass es wirklich wahr ist. Sätze wie »Hab ich das wirklich gemacht?«, »Wie konnte ich nur?« oder »Was hat mich da geritten?« sind typische Begleiter des Ohmois, in dem sich Überraschung, Unglaube, Scham, Heiterkeit und Angst zu einem eher kitzlig-surrealen Gefühl verbinden können. Es ist, als ob man auf einer Bananenschale ausrutschte und währenddessen realisierte, dass man die Schale selbst genau dort platziert hat. Natürlich ist es okay, sich manchmal ohmoi zu fühlen. Es ist ein kleines Gefühl, das uns alle von Zeit zu Zeit befällt und uns die Möglichkeit bietet, unserem eigenen natürlich stets planvollen Tun und Handeln mit Humor und Akzeptanz zu begegnen.

Insofern, leg dich gehackt! Ohmoi, habe ich das gerade wirklich geschrieben?

Philosofa

Dieses Gefühl ist gesunder Alltagseskapismus für alle

Wenn der Tag lang und anstrengend war, der Job uns alles abverlangt hat oder die Familie uns die letzten Nerven raubte, dann empfängt sie uns mit geradezu mütterlicher Wärme: die gute, alte (oder auch brandneue) Couch. Auf ihr können wir uns in weiche Decken oder an sanfte Schultern schmiegen, in die flackernden Flammen des Kaminfeuers, die neuesten Episoden unserer Lieblingsserie oder in die sanften Töne unserer Lieblingsmusik versinken. Die Welt da draußen wird kleiner und unwichtiger, während wir uns in der Geborgenheit unserer vier Wände verlieren. Wie so viele kleine Gefühle, die eher behaglicher Natur sind, so lebt auch das Philosofa von der ritualisierten Wiederholung – hier darf also ruhig alles so sein wie immer. Frei nach dem Motto: Hier bin ich Mensch, hier schlaf ich ein.

Übrigens: Wer es mit der Auszeit auf dem Sofa übertreibt, fühlt sich danach vielleicht etwas vercoucht. Wer sich allzu lange schon nicht mehr auf sie fallen lassen durfte, fühlt vielleicht so etwas wie Sofasehnsucht.

Plötzliftigkeit

Wir alle kennen den Aha-Moment – das ist das Gefühl dazu

Plötzliftigkeit ist ein höchst erbauliches Gefühl, das uns in Situationen überkommt, in denen wir eigentlich (noch) gar nicht damit rechnen. Wo eben noch höchste Konzentration, Verwirrung oder aber auch Langeweile auf der inneren Bühne ein zehrend monotones Stück aufführten, heißt es nun, Manege frei für die vor Kreativität und Lebendigkeit strotzende Plötzliftigkeit, die uns blitzartig aufblühen und die Dinge in einem neuen, klaren Licht sehen lässt. Wenn du zum Beispiel einen langweiligen Vortrag hörst und dir plötzlich ein genialer Einfall in den Kopf schießt oder wenn du mühsam einen Text schreibst und dann auf einmal die perfekte Formulierung findest, kann es gut sein, dass dich dein Selbst mit einem ordentlichen Schuss Plötzliftigkeit belohnt.

Das kleine Gefühl der Plötzliftigkeit verschwindet oft schneller wieder, als es gekommen ist – geht aber auch nicht selten mit Änderungen einher, die noch lange erhalten bleiben.

Prospektwohligkeit

Wenn sich trotz allem alles gut anfühlt

Machen wir uns nichts vor: Unser Leben, unsere Gesundheit, unser Besitz, unsere Beziehungen und unsere Werte hängen am seidenen Faden. Wir können jederzeit ernsthaft krank, beklaut und betrogen, enttäuscht, verletzt oder sonst wie erschüttert werden. Wie wir es schaffen können, diese Bedrohungen zu eliminieren? Unmöglich! Wie wir es dann schaffen können, unser ganzes Leben nicht in furchtbarer Angst zu verbringen? Schon möglich! Wir wollen uns aber lieber mit der Frage beschäftigen, wie sich das anfühlt. Also: Wie fühlt es sich an, wenn wir einer ganzen Schar existenzieller Ängste jeden Tag aufs Neue einen Korb geben? Eine Möglichkeit: prospektwohl. Prospektwohligkeit ist ein kleines Gefühl, das wir aus Werbespots, Vorabendserien und Möbelhausprospekten kennen, also aus Welten, in denen die größten Probleme aus semistrahlender Wäsche, heimlichen Gedanken an den Ex und schlecht abgestimmten Schubladengriffen bestehen. Es ist ein Gefühl, das uns sagt: »Die Welt ist in Ordnung, wenn du so tust.« Mach, was alle tun, mach einfach mit. Geh brav zur Arbeit, grüße freundlich, sag bitte und danke, finde die passenden Kissen zur Couch, geh mit der Mode, spar auf den Urlaub und antworte auf die Frage, wie es dir geht, einfach mit »Gut«.

Gut? Na dann zum Prospektwohle!

Rerger

Die Frustration, die sich einstellt, wenn wir etwas von vorne machen müssen

Ob wir nun eine Mail neu schreiben, weil wir sie versehentlich gelöscht haben, einen Teig neu anrühren, weil er zu flüssig geraten ist, das IKEA-Regal wieder auseinanderschrauben, weil man einer Stelle einen Fehler gemacht hat, oder den ganzen Boden noch mal von vorne saugen, weil wir beim Wegstellen des Staubsaugers ein Glas Salzstangen umgestoßen haben – es fühlt sich nur noch nervig an, alles von vorne zu machen. Wir möchten am liebsten den Inbusschlüssel durch den Raum werfen oder den Staubsauger aus dem Fenster schmeißen. Wir fühlen uns frustriert und enttäuscht, weil wir kostbare Zeit verschwenden, sind wütend auf uns selbst, aber auch ungeduldig, weil wir die Wiederholungsrunde einfach nur schnell hinter uns bringen wollen.

Nun gut, dies ist Teil eines Prozesses! Unter Umständen sollten wir manche Dinge von vorne machen, um sie richtig zu machen. Und bei genauerer Betrachtung könnte es sogar sein, dass beim zweiten Mal eine Verbesserung stattfindet.

Aber hey, das ist ein Prozess! Manchmal muss man Dinge von vorne machen, um sie richtig zu machen. Und wer weiß, vielleicht wird es beim zweiten Mal sogar besser?

Reststolz

Die Kirsche auf dem Sahnekuchen der Verbitterung: wenn der Stolz auf lang vergessenen Erfolgen beruht

Manchmal schlendern wir durch die Gänge unserer Erinnerungen, vorbei an Türen, hinter denen unsere größten Erfolge verborgen liegen. Doch mit der Zeit fällt uns auf, dass nur noch wir diese Türen öffnen, sich Staub über die Erinnerungen legt, die vergangenen Momente ihre Farbe und ihren Glanz verlieren. Dennoch schließen wir nicht einfach ab, denn wir tragen noch immer dieses Gefühl in uns, ein Überbleibsel einer Zeit, in der wir in unserer Blüte standen – Guten Tag, Reststolz.

Reststolz ist nicht nur die Erinnerung an glorreiche Momente, sondern auch die beharrliche Weigerung, sie loszulassen. Es kann ein verbittertes und trauriges Gefühl sein, das uns daran erinnert, wie schnell die Welt sich ändert und wie wenig wir dagegen tun können. Und obwohl uns klar ist, dass unsere vergangenen Erfolge längst an Relevanz verloren haben, klammern wir uns daran fest. Denn für uns sind sie immer noch bedeutungsvoll, ein fester Anker im Strom der Zeit.

Man kann es als verzweifelten Versuch interpretieren, an die alten Tage anzuknüpfen als einen letzten Strohhalm, an den man sich klammert. Doch Reststolz muss nicht immer bitter schmecken, manchmal tut es auch einfach gut, sich daran zu erinnern, wer man war und was man konnte – vor allem dann, wenn es vielleicht doch noch den ein oder anderen Menschen gibt, der sich mit uns gemeinsam an die »gute, alte Zeit« erinnert.

Im Kern des Reststolzes liegt oft ein Teil von uns, der es wert ist, immer wieder gefeiert zu werden – egal, wie lange es ihn schon gibt.

Ritleid

Ein flüchtiges Gefühl von Mitleid, das ebenso schnell verschwindet, wie es kam

Vielleicht haben wir jemanden in der U-Bahn gesehen, der enttäuscht auf seine verpasste Verbindung schaut, oder wir hören ein Kind im Supermarkt weinen, weil es das erhoffte Spielzeug nicht bekommen hat. Ritleid taucht in diesen kleinen Alltagsmomenten auf, und bevor wir es überhaupt richtig realisieren, ist es oft schon wieder vorbei. Es sind diese winzigen Zeitspannen, in denen wir uns plötzlich und unerwartet mit den Empfindungen anderer Menschen verbinden. Es ist wie ein leichter Regenschauer an einem sonst sonnigen Tag – kurz und unerwartet. Manchmal hinterlässt Ritleid ein Gefühl der Hilflosigkeit, weil wir nicht wissen, wie wir reagieren sollen oder ob eine Reaktion überhaupt angebracht ist. Vielleicht fragen wir uns, ob solch ein flüchtiges Gefühl überhaupt einen Unterschied machen kann. Doch trotz seiner flüchtigen Natur zeigt uns Ritleid, dass unser Herz immer bereit ist, Mitgefühl zu zeigen, selbst wenn es nur für den Bruchteil einer Sekunde ist. Es ist ein Zeichen unserer Menschlichkeit, ein Hinweis darauf, dass wir trotz unseres oft hektischen Lebens immer noch in der Lage sind, für einen Moment innezuhalten und zu fühlen.

Einmal eine große Portion Mitleid to go, bitte!

Ruhreich

Das unglaublich entspannte Gefühl, nicht aufstehen zu müssen

Das süße Gefühl, wenn die Pflicht wann anders ruft. Das Einhüllen in die weiche Decke, die sich anfühlt wie eine schützende Festung gegen jeglichen Stress, wird noch schöner, wenn man weiß, dass der nervige Wecker einem keinen Strich durch die Rechnung macht. Draußen zwitschern die Vögel, während man sich genüsslich umdreht, statt im Halbschlaf nach der Snooze-Taste zu suchen. Dieser Moment lädt zum Morgenstillverträumtsein (S. 45) ein, es ist, als hätte man eine goldene Eintrittskarte in den Club der Langschläfer gewonnen.

In einer Welt, die einem endlosen 24/7-Takt folgt und in der die To-do-Listen scheinbar endlos sind, sind diese Morgenstunden, die ohne Hektik beginnen, der pure Luxus. Ruhreich ist das Gefühl, das einem eine kleine Auszeit schenkt, eine kleine Auszeit vom Alltag. Es ist der kurzzeitige Urlaub für die Seele, bevor der Rhythmus des Lebens wieder seinen Lauf nimmt.

Also, Decke bis zur Nasenspitze hochziehen und genießen – der nächste Montag kommt bestimmt!

Rutt

Die Lust am Rechthaben

Rutt ist ein kleines Gefühl, das uns zu großen Taten antreibt – oder zu kleinlichen Streitereien.

Wie wäre die Welt, wenn niemand mehr recht behalten wollen würde? Harmonischer? Oder etwa chaotischer, weil es überall dort zu faulen Kompromissen kommt, wo wir klare Ansagen brauchen? Mit der Lust am Rechthaben – nennen wie sie mal Rutt – ist es so eine Sache. Dieses kleine Gefühl kann wie Zement für unser Rückgrat sein und uns wacker unseren Standpunkt behaupten lassen. Doch Vorsicht: Rutt kann auch schnell ins Negative umschlagen und Beziehungen belasten. Folgen wir ihr blind, kann sie uns in unbelehrbare Besserwisser verwandeln oder uns in endlose Diskussionen verwickeln. In Maßen genossen, kann sie jedoch auch unterhaltsam sein und zu interessanten Diskussionen führen.

Oder siehst du das etwa anders?

Sansucht

Wenn wir uns nach unserer ansonsten kaum beachteten Gesundheit sehnen

Wadenwickel, Einläufe und obendrein noch Fenchel-Anis-Kümmel-Tee: Krankheiten können uns so einiges aufzwingen! Manchmal geben sie uns wenigstens ein kleines Gefühl zurück: Irgendwo zwischen Wehklagen, Gliederschmerzen, Fieberträumen, Risiken und Nebenwirkungen taucht es auf und bringt die perfekte Wirkstoffkombination aus Reue, Angst, Läuterung und Sehnsucht mit sich. »Oh, du liebe Gesundheit, bitte komm zurück, ich werde in Zukunft immer auf dich achten«, wollen wir arme Gesundheitssünder ihr zurufen. Die Sansucht möchte uns aus der Selbstzufriedenheit unseres täglichen Lebens wecken und uns daran erinnern, dankbar für die scheinbar kleinen und alltäglichen Aspekte unseres Lebens zu sein. Ironischerweise verschwindet auch die tiefste Sansucht in dem Moment, in dem das Fieberthermometer wieder Richtung 37 Grad fällt. Wenn wir Glück haben, erinnern wir uns aber ab und zu noch an ihre Botschaft und achten ein bisschen mehr auf unseren Körper.

Wenn wir mit allen Geschenken umgehen würden wie mit unserer Gesundheit ...

Saugenblicklichkeit

Das Gefühl der Versunkenheit in eine Geschichte

Manche Geschichten können wir begreifen, manche können uns ergreifen. Es kann ein Buch sein, das wir gerade angefangen haben, eine Serie oder ein Film, und ohne, dass wir es vorgeahnt hätten – ZACK –, fühlen wir uns wie diese Socke, die der Staubsauger plötzlich erwischt hat. Bevor wir es realisieren, sind wir drin, mittendrin. Teil einer Handlung, die uns mit so viel Sogkraft einzieht, dass die Realität viel weniger wirklich erscheint als die Geschichte, mit der wir uns gerade beschäftigen.

Statt in einem überfüllten Wartezimmer sitzen wir in einem Detektivbüro im New York der 1920er-Jahre. Oder auf einem fernen Planeten. Oder mitten in einer wilden Liebesgeschichte zwischen zwei Zeitreisenden. Das Gefühl Saugenblicklichkeit erhebt uns über die Monotonie des Alltags, sie lässt uns Langeweile und Verpflichtungen vergessen, sie macht uns zu Brüdern und Schwestern großer Geister und starker Charaktere, lässt uns teilhaben an den Geschichten, die Menschen und Zeiten miteinander verbinden.

Saugenblicklichkeit ist wie ein spontaner Miniurlaub, den wir nicht geplant, aber dringend gebraucht haben. Nur ohne Sonnenbrand und Jetlag. Und mit der Option, jederzeit zurückzukehren.

Schleppression

Wenn wir uns anstrengen müssen, nicht in die Depression zu verfallen, die schon in uns lauert

Es gibt so Phasen, da haben wir vielleicht gerade genug Energie und Motivation, um den Alltag zu bewältigen, die Arbeit zu erledigen und unsere sozialen Verpflichtungen zu erfüllen. Es ist eine fragile Balance, und wir wissen, dass wir mit einem falschen Schritt, einer unerwarteten Krise oder einer schlechten Nachricht schnell ins Wanken geraten können. Schleppression fühlt sich an wie eine Gratwanderung zwischen dem Wunsch, einfach aufzugeben, und dem Willen weiterzumachen. Wir schleppen uns durch den Tag und hoffen, dass es morgen besser wird. Es ist, als ob wir einen schweren Rucksack auf dem Rücken tragen und uns dennoch genug Kraft und Willensstärke abringen würden, um nicht zusammenzubrechen. Trotz allem steckt in der Schleppression auch eine Art Stärke. Denn es erfordert Mut und Entschlossenheit, trotz allem weiterzumachen. Es bedeutet, dass wir uns nicht unterkriegen lassen und uns genug wertschätzen, um für uns zu kämpfen.

Wir müssen uns den Schleppressiven als einen glücklichen Menschen vorstellen.

Schmass

Die Mutter der miesen Gefühle: wenn wir unsere eigenen Kinder kurz hassen

Aggressive Gefühle sind selten pure Gefühle. Auch wenn man vom blanken Hass oder der reinen Wut spricht, ist meistens noch ein weiteres starkes Gefühl vertreten, z.B. Kränkung, Trauer oder Scham. So auch beim Schmass, auf den fast immer ein mächtiges Schuldgefühl folgt. Also später. Vorher sehen wir meistens Hilflosigkeit, z.B. angesichts fehlender kindlicher Einsicht in die elterliche Weisheit, Verzweiflung über die mangelnde Kompetenz des Kindes, das fortschrittliche Erziehungskonzept plangemäß umzusetzen, oder auch gerne Überforderung, »weil es einfach nicht macht, was man ihm oder ihr sagt«. Und in der Mitte? Da steht ein Kind, über dem gerade die ganze heiße oder kalte Wut des Vaters oder der Mutter ausgeschüttet wird. Natürlich hat es all den Schmass nicht verdient. Und natürlich ist das auch den meisten Eltern klar – nur leider nicht in dem Moment.

Schmass ist wie Läuse – kommt in den besten Familien vor, hinterlässt Spuren, einfühlsames Kraulen dringend angeraten.

Schmekel

Die Art von Ekel, die dir deine Fantasie auftischt

Ekel gehört zu den sog. Basisemotionen, also den Gefühlsregungen, die über alle Kulturen hinweg klar im Gesicht ablesbar sind. Und das ergibt Sinn. Schließlich warnt uns unser Ekel vor möglichen Vergiftungen und Krankheiten. Manchmal verlässt der Ekel aber die Welt der konkreten Erfahrung und geht ins Kino, genauer gesagt, ins Kopfkino, direkt an den Projektor, wo er fleißig Filmrollen einlegt und sich so vom banalen Ekel in den fantasievollen Schmekel verwandelt. Während wir es beim Ekel mit einer geradezu körperlichen Abscheu vor konkreten Dingen zu tun haben, ist es beim Schmekel eher eine eklige Vorstellung, die sich meist plötzlich aufdrängt. Schmekel schmeckt also zusätzlich noch ein bisschen nach Enttäuschung, Frustration und der bewussten Anstrengung, die schmeklige Vorstellung irgendwie wieder aus dem Kopf zu verbannen. Genug geredet, hier sind Beispiele: Du setzt dich auf eine öffentliche Toilette – und sie ist warm. Du steigst in einen Fahrstuhl – und da ist ein fast anfassbarer Pupsgeruch. Du isst dein Lieblingsessen und beißt plötzlich auf etwas Hartes – vielleicht einen fremden Zahn? Du willst nur schnell Geld abheben und trittst in die Geruchswolke deines Vorgängers. Dann hebst du ab – und die Tastatur klebt.

Was den Schmekel wieder sympathisch macht? Er liebt schmutzige Fantasien.

Schmusehunger

Wenn wir in den Arm genommen werden wollen

Die Sehnsucht nach einer echten Umarmung, einer herzlichen Berührung – die kennen die meisten von uns gut. Das ist Schmusehunger. In einer Ära, in der ein »Like« oder ein verschmitzt dreinblickendes Emoji als Zeichen der Zuneigung gelten, vermissen viele von uns die simple, ehrliche Wärme physischer Nähe. Im Schmusehunger zeigt sich uns das tiefe menschliche Bedürfnis nach Verbundenheit. Wir wollen berührt werden – im wahrsten Sinne des Wortes.

Ist dieses Bedürfnis nicht gestillt, fühlen wir uns wie ein verstaubtes Buch, das sich danach sehnt, endlich mal wieder gelesen, wie eine ausgedorrte Blume in der Mittagssonne, die nur darauf wartet, von einem Regenschauer getränkt zu werden. Egal wie unabhängig wir uns auch fühlen mögen, wie hart und abgebrüht wir uns vielleicht geben, sind wir doch alle menschliche Wesen, die Nähe brauchen, um aufzublühen. Schmusehunger ist auch die stille Erinnerung daran, dass trotz all unserer technologischen Fortschritte und der digitalen Abkürzungen im Leben nichts die einfache, ehrliche und tiefe menschliche Verbindung ersetzen kann.

Ein Herz schlägt. Zwei Herzen schlagen höher.

Schniiieeep

Ekel für die Ohren: das kaum auszuhaltende, panikartige, durch und durch körperliche Gefühl, das bestimmte Geräusche auslösen können

Die meisten von uns haben diesen einen akustischen Angstgegner, dieses eine Geräusch, das sie in die Abgründe des Unbehagens stürzen lässt. Es kann das kreischende Quietschen der Kreide auf einer Schultafel sein, das Knirschen von Styropor oder das Schmatzen und Schniefen unserer Mitmenschen, um nur einige übliche Verdächtige zu nennen. Diese Geräusche sind das genaue Gegenteil von den fernen Walgesängen, dem sanften Dschungelregen und all den anderen Wohlfühlklängen, die auf keiner Entspannungs-CD fehlen dürfen und uns mitunter in Zahnarztpraxen und Fahrstühlen willkommen heißen. Während Letztgenannte uns entspannen sollen, sorgen Erstgenannte für eine sofortige Kampf-oder-Flucht-Reaktion: Wir wollen schnellstens weg – oder uns zumindest die Ohren zuhalten. Doch so plötzlich das Schniiiieeep-Gefühl auftaucht, so schnell verschwindet es auch wieder.

Auf Schniiieppp folgt oft Mjut: das Gefühl, dass unsere Ohren dringend eine Pause brauchen.

Schocklustigkeit

Wie es sich anfühlt, wenn wir aus Langeweile nach Abgründigem dürsten

Die Welt steckt voller faszinierender und aufregender Möglichkeiten: Mit nur etwas Freiheit und Kleingeld ausgestattet, können wir jetzt unsere Sachen packen und 24 Stunden später in den Anden paragliden, auf den Galapagos-Inseln Warane füttern oder in Südafrika Weine verkosten. Nur, wer macht das schon? Wer trinkt schon aus dem ganzen Füllhorn der Möglichkeiten? Die meisten geben sich doch mit einem medizinischen Dosierkäppchen der Möglichkeiten schon zufrieden. Statt Adrenalinkick, Flow-Erleben und Grenzerfahrung erleben wir Alltagsroutinen, Kehrwochen und Tage, die im immer gleichen Trott dahinschwinden. Dann kann es sein, dass so eine kleine Sehnsucht in uns auftaucht, danach, dass mal etwas Großes passiert, etwas Bewegendes, etwas, das uns wenigstens ein bisschen anhebt, ohne dass wir dafür gleich Job, Ehe oder Gesundheit riskieren müssen. Und dann scrollen wir durch den Newsfeed oder schalten die Nachrichten ein und warten geradezu darauf, geschockt zu werden: von der nächsten Katastrophenmeldung, der skandalös gescheiterten Promi-Ehe, dem unmoralischen Gebaren der Politiker oder irgendetwas anderem Unerhörten – Hauptsache, es bringt uns in Wallung.

»Und heimlich dürsten wir nach Nacht, nach Blut, nach Barbarei.« *Hermann Hesse*

Schrink

Wenn man sich im Kontakt mit den Eltern schon nach kurzer Zeit wieder fühlt wie zwölf

Du schließt die OP am offenen Herzen ab und nähst dich selber zu, du landest den Helikopter bei Windstärke 12 auf einem Kleeblatt, du überzeugst knallharte Geiselnehmer per Augenkontakt vom Aufgeben – keine Frage: Du bist ein gestandener Mann oder eine gestandene Frau. Es sei denn, du kommst nach Hause.

Nach Hausehause.

Wir können es im Leben so weit gebracht haben, wie wir wollen, sobald wir bei Mama und Papa durch die Tür kommen, fühlen wir uns wieder wie zwölf. Mutter belehrt uns in Ernährungs- und Partnerschaftsfragen, während Vater uns mit prüfenden Blicken mustert, nur um sich dann mit einem sachten Kopfschütteln wieder der Zeitung zuzuwenden. Dieses Gefühl ist wie ein Gummiband, je weiter du versuchst, dich von dem Bild zu entfernen, das deine Eltern in dir sehen, desto schmerzhafter schnallt es zurück und katapultiert dich direkt in die pickligste Phase deiner Pubertät.

Wie gut, dass man die Tür, die immer für einen offen steht, dann auch wieder hinter sich schließen darf.

Schüchforschheit

Das Gefühl, wenn endlich all die wertvollen Gedanken aus dir ausbrechen, die bis dahin von deiner Schüchternheit eingesperrt wurden

Schüchforschheit ist das kleine Gefühl, das die Kontrolle übernimmt, wenn du dich über deine Schüchternheit hinwegsetzt und etwas wagst, was du dich bisher nicht getraut hast. Während sehr offenherzige Menschen kein Blatt vor den Mund nehmen, fällt dies schüchternen Zeitgenossen zunächst oft schwer. Wenn sie dann aber ihren Mut zusammennehmen, kann es vorkommen, dass sie nicht nur kein Blatt vor den Mund nehmen, sondern einen ganzen Laubwald entwurzeln, wie einen alten Knebel, den sie endlich loswerden. Und dann ist er losgelassen, der gerade noch ängstliche Löwe, der so lange auf seinen Einsatz warten musste. Nur logisch, dass er jetzt nicht nur ein bisschen rumknurrt, sondern mit der ganzen Kraft seiner Befreiung forsch drauflosbrüllt.

Du bist nicht schüchtern. Du lädst nur deine Forschheit auf.

Schwups

Das Gefühl, das sich einstellt, wenn wir mal wieder feststellen, wie schnell die Zeit vergangen ist

Kennst du Pop-up-Bücher? Das können recht handliche Buchformate sein, die, kaum hat man sie aufgeschlagen, ganze Landschaften offenbaren. So ähnlich verhält es sich mit dem Schwups, auch zu übersetzen mit »Wo-ist-all-Zeit-hin-Gefühl«. Dabei handelt es sich um ein kleines Gefühl, das gleich mehrere große Gefühle beinhalten kann. Ausgangspunkt ist meistens etwas, das uns ins Erinnern kommen lässt: ein Gespräch über ein Urlaubsziel, das wir von früher kennen, ein Lied im Radio oder das alte Lieblings-T-Shirt, das wir auf dem Boden des Kleiderschranks wiederfinden. Wir kommen kurz ins Stocken, und dann setzt auch die Erinnerung ein und damit der oft erschreckende Gedanke: »So lang schon her? Das war doch gerade eben erst.« Und dann stehen wir da, mit dem Urlaub im Kopf, dem Lied im Ohr, dem Shirt in den Händen und einem Gefühl, in das sich Wehmut, Sehnsucht, Überraschung und auch ein bisschen Angst davor mischen, dass die Zeit am Ende immer schneller vergehen könnte.

Weißt du noch, als du dieses Buch begonnen hast? Als wäre es erst gerade eben gewesen …

Seelensattheit

Wenn man sich empathisch so voll fühlt, dass man brechen könnte

Wenn es um Mitgefühl geht, scheinen manche Zeitgenossen kein Sättigungsgefühl zu kennen. Sie sind für alle da, leihen dem alleinerziehenden Nachbarn ein Ohr, schenken der kränkelnden Kollegin ihre ganze Aufmerksamkeit und nehmen es sich dabei selbst nie heraus, sich jemand anderem auch nur mal ein bisschen zuzumuten. Wenn das über längere Zeit so läuft, kann es vorkommen, dass sich diese Menschen buchstäblich zum Kotzen fühlen – kein Wunder, wenn man eigentlich schon seelensatt ist und sich trotzdem noch den Mitfühl-Bauch vollschlägt.

Viele andere verfügen über so ein seelisches Sättigungsgefühl: Da geht dann nix mehr, selbst wenn sie noch zuhören oder Trost spenden wollen, ist der innere Resonanzkörper schon voll. Dann ist es an der Zeit, sich selbst etwas Zeit zu gönnen oder sich jemanden zu suchen, bei dem man selbst mal ein paar Probleme auftischen und sich vielleicht sogar auskotzen darf – am besten bei jemandem, der so richtig seelenhungrig ist.

»Einmal das All-you-can-feel-Menü bitte.«

Selbstgüte

Das Wohlwollen, das wir verspüren, wenn wir auf unsere Lebensgeschichte zurückblicken

Mit den Jahren sammeln sich in den Tiefen unseres Gedächtnisses Erinnerungen. Manchmal, ganz unerwartet, springt eine dieser Erinnerungen hervor und entlockt uns ein Gefühl. Es kann ein altes Foto sein, ein verblasster Liebesbrief oder ein vergessenes Lied, das plötzlich im Radio spielt. Diese Momente sind süße Erinnerungen an Zeiten, in denen wir jünger, mutiger oder naiver waren. Sie sind Fenster in eine Vergangenheit, die in der Hektik des Alltags verloren gegangen ist. Und während wir uns erinnern, fühlen wir eine Mischung aus Nostalgie, Dankbarkeit, Heiterkeit und Zuversicht, ein inneres Schmunzeln über die vergangenen Fehler, die kindlichen Träume und jene Momente, in denen wir dachten, wir hätten die Welt verstanden. Mit einem liebevollen Blick zurück erkennen wir, wie weit wir gekommen sind und wie sehr diese Erlebnisse uns geprägt haben.

Selbstgüte ist eine liebevolle Umarmung der eigenen Geschichte.

Selbstweh

Die Sehnsucht nach einem Leben, das man nicht mehr, noch nicht oder auch niemals führen wird

»Es gibt kein richtiges Leben im falschen« ist ein viel bemühtes Zitat von Adorno. Sicherlich wird sich der Frankfurter Philosoph bei diesem Satz etwas gedacht haben – schon aus beruflichen Gründen. Und sicherlich wird es genug Leser:innen geben, die wissen, was er sich dabei gedacht hat. Doch lassen wir das Denken an dieser Stelle mal beiseite und stellen uns die eigentliche Frage, die da lautet: Wie fühlt sich das an?

Selbstweh in seiner intensivsten, melancholischsten und chronischen Form ist ein nach innen gerichteter Schrei nach einem anderen Leben. Ein Schrei, der in uns verstummen, nachhallen und vibrieren kann, der von den Wänden unserer Seele abprallt und uns mitunter wünschen lässt, innerlich zu ertauben. Doch es muss nicht immer so dramatisch sein. Selbstweh kommt manchmal auch ganz beiläufig daher und klopft zwischendurch im Alltag an. So wie wir auch im schönsten Urlaub mal Heimweh bekommen oder uns, umgekehrt, an grauen Herbsttagen voll Fernweh in Richtung Süden sehnen, müssen wir das Gefühl nicht allzu nah an uns heranlassen. Meistens reicht es, wenn wir es als Hinweis nutzen, mal wieder etwas mehr für uns selbst zu tun.

Bist du noch da?

Snoozlichkeit

Snoozlichkeit ist ein Gefühl des selbstvergessenen Wohlbehagens und ein Geschenk, das die Nacht unserem gestressten Alltags-Ich macht

... wenn wir es denn anzunehmen wissen.

Manche Menschen brauchen keinen Wecker. Sie wachen jeden Morgen pünktlich um die gleiche Uhrzeit auf – ob erholt oder nicht. Fast so, als hätten sie einen Wecker in sich drin. Hin und wieder passiert es aber auch, dass dieser Wecker ein, zwei Stunden vor der Zeit klingelt. Mitten in der Nacht wachen sie auf, und das gleiche Programm wie immer wird abgespielt: ALARM! AUFSTEHEN! Doch schon Sekundenbruchteile später melden die Sinne zurück, dass es irgendwie noch zu dunkel, zu leise, ja einfach zu früh ist. Meist kommt dann noch ein absichernder Blick auf die Uhr, dann ist sie auch schon da: die Snoozlichkeit. Dieses unfassbar behagliche Gefühl, wenn man aus dem Zustand höchster Aufgeschrecktheit einfach wieder in die warmen Kissen zurückflauschen darf, wohlwissend, dass man sich noch ein paar Stunden Schlaf gönnen darf.

Wenn das kein Grund ist, sich einfach mal nachts den Wecker zu stellen.

Sonntagsschwere

Die Melancholie, die der kommende Montag mit sich bringt

Wer kennt sie? Diese leise Traurigkeit, die sich uns spätestens ab Sonntagnachmittag an die Fersen heftet, wenn die Betriebsamkeit des kommenden Montags zu dämmern beginnt und uns bewusst wird: Das Wochenende neigt sich dem Ende zu.

Die entspannten Stunden, das Ausschlafen, die Freizeitaktivitäten, das süße Nichtstun sind bald vorbei. Das ist schon Grund genug für trübe Stimmung, doch darunter liegt auch die geronnene Erfahrung von so vielen Wochen: Jeden Montag geht die Woche wieder los, aufstehen, arbeiten, machen, funktionieren. Dann Wochenende, abschalten, ausruhen, zu sich kommen. Und dann geht's auch schon wieder von vorne los. Vielleicht steckt in der sonntäglichen Melancholie also auch das Hinnehmenmüssen des Unabänderlichen, dass das Hamsterrad nie aufhören wird, sich zu drehen, wir uns immer und immer wieder von vorne werden anstrengen müssen. Natürlich kann die Sonntagsmelancholie aber auch von ganz konkreten Gedanken an unerledigte Aufgaben oder bevorstehende Herausforderungen begleitet werden. »Habe ich wirklich alles für das Meeting am Montag vorbereitet?« oder »Wenn ich die Wäsche jetzt nicht mache, muss ich das morgen früh erledigen!«.

Sonntagsmelancholie ist der bittersüße Abschied vom Wochenende, der uns jedoch auch daran erinnert, dass jeder Montag auch die Aussicht auf einen neuen Freitag mit sich bringt.

Staurigkeit

Wenn der Schmerz nicht aus uns rauskommt

Manchmal möchte alles in uns weinen, doch die Tränen verstecken sich tief in unseren Augen, und wir können sie einfach nicht zum Fließen bringen. Es ist, als würden wir den Schmerz langsam in uns aufstauen, doch statt ihn endlich freizulassen, bauen wir die Staumauer einfach ein bisschen höher. Wir versuchen, uns abzulenken, die Gedanken zu verdrängen, aber letztendlich wird die Schwere in uns immer … schwerer. Es ist ein Gefühl der Frustration, der Ohnmacht und der Sehnsucht nach dem Trost, den wir uns vom Weinen versprechen, wie wir es aus Kindheitstagen kennen. Doch dann bilden sich Risse in der Mauer. Vielleicht sind es traurige Lieder, berührende Geschichten oder einfache Gesten der Freundlichkeit, die unsere Gefühle zum Vorschein bringen. Dann bricht es plötzlich aus uns raus, wir lassen los, und all der runtergeschluckte Schmerz rollt unsere Wangen hinunter und verwandelt sich in ein Gefühl der Befreiung und Erleichterung.

Lieber nah am Wasser gebaut als in der Wüste.

Stopflust

Das Gefühl, wenn du schon pappsatt bist, aber trotzdem noch weiterisst

Manchmal weißt du ganz genau, dass du genug hast, aber du kannst einfach nicht widerstehen. Es ist nicht Hunger. Es ist nicht Appetit. Es ist Stopflust! Woher sie kommt? Vielleicht hast du als Kind zu wenig Kuchen bekommen! Oder zu viel? Vielleicht haben dir deine Geschwister alles weggegessen! Oder deine Eltern? Gut möglich, dass die Extraportion für dich das beste Trostpflaster nach einem schlechten Tag ist! Oder eine wohlverdiente Belohnung nach einem guten Tag? Die Pralinenschachtel der möglichen Erklärungen ist prall gefüllt. Aber was wollen wir machen? Essen ist nun mal eine wunderbare Ablenkung von den Sorgen des Lebens. Wenn man eine Tafel Schokolade in der Hand hat, denkt man zumindest für einen Moment nicht an die Steuererklärung oder Beziehungsprobleme. Bis wir uns wieder vorwurfsvoll fragen, warum man wir uns so vollgestopft haben – aber kein Problem, dafür gibt's ja Schokolade.

Es gibt viele Gründe, in Stopflust zu verfallen, und keinen einzigen, wieder damit aufzuhören – zumindest, wenn wir auf unseren Bauch hören.

Strahligkeit

Das Gefühl des ersten wärmenden Sonnenstrahls

Lieber Winter, was steckst du voll wunderbarer teelichtwarmer kleiner Gefühle, die du uns jedes Jahr bescherst: von der kindlichen Freude beim Anblick der ersten Schneeflocke über die Behaglichkeit, die du in der warmen Stube ausbreitest, bis zum Gefühl des kleinen Friedens, das du mit jeder schneebedeckten Landschaft auch über unser rastloses Gemüt legst. Doch jetzt, lieber Winter, halt dir lieber die Ohren zu, denn es gibt ein kleines Gefühl, da kommst du nicht mit, das ist echt unschlagbar!

Ohren richtig zu? Gut!

Wenn wir endlich, nach all den Monaten der Entbehrung, den überstandenen Grippewellen, den Feiertagsstreitigkeiten, den Heizkostenabrechnungen und Glatteiswarnungen endlich, endlich den ersten warmen Sonnenstrahl auf unserer Haut fühlen, dann ist das nicht nur Auftakt zur Saison der Frühlingsgefühle, dann ist das auch ein bisschen eine Belohnung für das Durchhalten in der langen, langen Winterzeit.

Winter? Bist du noch da? Haaaallloooooo?

Strass

Die besondere Art von Wut, die wir nur hinter dem Lenkrad empfinden

Da fährt man gerade noch friedlich seiner Route entlang, und im nächsten Moment – zack – macht sich ein anderes Auto vor uns breit, oder der Radfahrer zirkelt ohne Vorwarnung vor uns herum. Die Empörung kommt blitzschnell! Am liebsten wollen wir die Verkehrsrowdys direkt ausbremsen und zur Rede stellen. Meistens belassen wir es bei einem gefühlten Biss ins Lenkrad oder einem lauten Fluch, der am Inneren der Windschutzscheibe kläglich abprallt. Das ist Strass. Und was möchte er uns sagen? Welches Bedürfnis steht dahinter? Vielleicht wollten wir schnell ans Ziel kommen und werden aufgehalten? Vielleicht erwarten wir von unseren Mitmenschen die gleiche Umsicht, die auch wir an den Tag legen, und sind enttäuscht oder ernüchtert, dass dies anscheinend doch nicht der Fall ist? Auch möglich, dass wir uns im Straßenverkehr einfach nur sicher fühlen, sodass hinter dem Strass eigentlich die Angst steht, dass uns und unseren Liebsten etwas passieren könnte. Sicher ist, dass der Strass meist genauso schnell geht, wie er gekommen ist.

Strass erinnert uns daran, manchmal auch emotional einen Gang runterzuschalten.

Streameskummer

Das dem Liebeskummer ganz ähnliche Gefühl, wenn eine Serie endet

Wenn du morgens wach wirst und dich krankmelden möchtest, weil du dir nichts sehnlicher wünschst, als mit ihr im Bett liegen zu bleiben. Wenn du dann doch zur Arbeit gehst und du dich kaum konzentrieren kannst, weil all die Bilder und Worte des letzten Abends in deinem Kopf umherwirbeln und all die Spannung, den Kitzel und die Gänsehaut wiederaufleben lassen, die du mit ihr genossen hast. Wenn du dann wieder auf dem Weg nach Hause bist und du traurig die Tür aufschließt, weil du weißt, dass sie heute nicht auf dich warten wird. Oh no, heute wirst du den Abend ohne sie verbringen, und es wird wahrscheinlich lange dauern, bis du sie wiedersehen wirst. Wenn dir bei dieser Erkenntnis schwer ums Herz wird, dann kann es gut sein, dass du an einem akuten Fall von Streameskummer leidest, weil du deine Lieblingsserie tatsächlich ausgeguckt hast.

To be continued …

Stresshunger

Das getriebene Gefühl, sich möglichst effizient mehr und mehr Aufgaben aufladen zu wollen

Manche kleinen Gefühle sind wie ein extragroßes Fastfood-Menü, wir können kaum genug davon bekommen, obwohl wir wissen, dass es langfristig nicht gut für uns ist und wir es später bereuen werden.

Zu dieser Art kleinem Gefühl gehört auch der Stresshunger, der einen Wettkampf mit uns selbst befeuert. Worum es in diesem Wettkampf geht? Kurz gefasst: immer mehr, immer besser in immer weniger Zeit – noch eben schnell einen Anruf erledigen, vor dem Einschlafen die Mails checken, beim Joggen Podcast hören, auf dem Weg zur Arbeit noch schnell ein Paket zur Post bringen und so weiter und so fort. Als wäre in unserem Inneren stets eine To-do-Liste auf, die, der Hydra gleich, mit jeder erledigten Aufgabe zwei neue bereitstellt, kommen wir dabei nie zum Ziel. Stresshunger hat es auf abstrakte Ideale und den schnellen Kick abgesehen und ist daher letztlich unstillbar, insofern scheint er eher einem »Appetite for self-destruction« zu gleichen als einem gesunden Bauchgefühl für Leistung.

Wer das liest, hat auch Zeit dafür. Bewahr' sie dir.

Stücklichkeit

Das Gefühl des kleinen Glücks

Während alle verzweifelt nach dem großen Glück suchen, wollen wir es uns da vielleicht einfach mit einer Tasse Tee gemütlich machen? Ein kleines bisschen Glück ist schließlich manchmal alles, was wir brauchen, um aus irgendeinem Tag einen richtig schönen Tag zu machen. Das Lächeln eines Freundes, das Lachen eines Kindes, die Erinnerung an einen schönen Augenblick, ein Moment des Friedens inmitten des Trubels, ein schöner Sonnenuntergang – wie winzige Funken schwirren kleine Glücksmomente stets um uns herum. Doch warum hält das Leben nur so viele Stücklichkeiten für uns bereit? Will es uns so gemeinerweise von der Suche nach dem großen Glück ablenken? Oder möchte es uns vielleicht gerade einen Tipp geben, wo dieses Glück zu finden sei? Denn immerhin erinnert es uns daran, wie wichtig es ist, die kleinen Dinge zu schätzen, und das kann auch in Richtung großen Glücks nicht schaden.

Ist das Glück verrückt? Bestimmt zum Stück!

Stummdummheit

Das Gefühl, wenn man glaubt, etwas nicht ganz verstanden zu haben, aber auch nicht nachfragen möchte

Irgendwo im inneren Zwiespalt zwischen Unsicherheit, Scham, Stolz und Eitelkeit steht es drucksend herum und pfeift ein verlegenes Liedchen, wie ein Panzerknacker beim Schmierestehen. Die Rede ist von der Stummdummheit. Diesem kleinen Gefühl, das immer dann unsicher einen linkisch gekrümmten Zeigefinger hebt, wenn sich unser Verstand am liebsten unterm Pult verstecken möchte. Stummdumm fühlen wir uns, wenn wir etwas nicht ganz verstanden haben, aber aus Angst vor Peinlichkeit oder noch mehr Stummdummheit nicht nachfragen. Zum Beispiel, wenn wir einen Witz hören, den wir nicht verstehen, aber aus lauter Verlegenheit trotzdem lachen. Oder wenn eine Anweisung unklar ist, wir aber auch nicht um weitere Erklärungen bitten wollen und einfach so tun, als hätten wir alles verstanden. Sich stummdumm zu fühlen kann auf Dauer in die Einsamkeit führen, weil man glaubt, man sei der einzige Mensch auf der Welt, der nicht versteht, was vor sich geht. Doch gerade hier kann Fragen helfen: Dann stellen wir nämlich fest, dass sich die meisten immer mal wieder stummdumm fühlen, wir also in bester Gesellschaft sind.

Stummdummheit lässt sich als eine Form der Demut betrachten. Sie erinnert uns daran, dass wir nicht alles wissen und dass wir manchmal auf die Hilfe anderer angewiesen sind, um weiterzukommen.

Symphonia

Das Gefühl, wenn wir uns ganz in einem Musikstück verlieren

Das wunderbare Chaos des Alltags. Das Smartphone klingelt, die Kinder schreien, der Verkehr lärmt, der Chef brüllt, die Kaffeemaschine gluckert, und dann, mitten im Trubel, passiert es: Ein Lied beginnt zu spielen. Vielleicht ist es dieser Ohrwurm, den wir erst neulich im Radio gehört haben, das Klavierstück, das wir so lieben, oder ein Song, den wir mit schönen Momenten aus unserer Vergangenheit verbinden.

Plötzlich geht die Uhr ein bisschen langsamer. Alles um uns herum wird unscharf, wir fühlen uns ganz im Flow mit der Musik, die wir gerade hören, wir gehen auf in der Melodie und lassen uns vom Takt aus dem schnöden Alltag hinaustragen. Jetzt klingelt, brüllt und gluckert da nichts mehr, wir rennen nicht mehr durchs Büro, sondern tanzen barfuß am Stand, wir stehen nicht mehr im Stau, sondern mitten im Club, wir sitzen nicht mehr in der Bahn, sondern in der ersten Reihe eines Klavierkonzerts.

Symphonia ist eine Seifenblase, die uns für einen kurzen Moment schweben lässt und uns ganz sachte wieder im Alltag absetzt.

Tilt

Das Gefühl der Überforderung im Versuch, ein gutes Leben zu führen

Du sollst achtsam mit deinen und den Gefühlen deiner Mitmenschen umgehen und bitte immer Ich-Botschaften senden. Auf jeden Fall musst du auf die Umwelt achten und nachhaltig leben. Lies' doch mal ein Buch über gewaltfreie Kommunikation! Warum legst du kein Sabbatical ein? Es geht darum, Verständnis aufzubringen – und Frustrationstoleranz. Es ist wichtig, lebenslang zu lernen und anpassungsfähig zu sein. Resilienz! Führe ein Dankbarkeitstagebuch! Eine Psychotherapie könnte helfen. Wie oft meditierst du? Du solltest an deiner Ambiguitätstoleranz arbeiten. Du darfst die aktuellen gesellschaftlichen Diskurse nicht aus den Augen verlieren. Das Gendersternchen nicht vergessen! Du musst dich auch mal belehren lassen. Was bedeutet das auf der Beziehungsebene? Mach es anders als deine Eltern. Sei ein Individuum. Sei Teil der Gemeinschaft. Kauf in der Nachbarschaft. Digital Detox! Verwirkliche dich selbst. Tracke deine Fortschritte. Und deinen Schlaf. Yoga. Ernähre dich gesund, und leg dein Geld an, bevor die Inflation es auffrisst. Gibt's das auch unverpackt? Bleib auf dem Laufenden. Grenze dich ab! Nimm die Bedürfnisse anderer wahr! Finde inneren Frieden. Sei auch mal wütend. Trau dich! Sei brav! Optimiere dich selbst – aber bleib bei dir.

Schön, wenn du das alles schaffst. Noch schöner, wenn du das alles gar nicht schaffen musst.

Trosttrotz

Wenn man unbedingt in den Arm genommen werden muss, aber zu stolz dafür ist

Du bist nicht einfach nur traurig oder verzweifelt, nein, du bist eine einsame Heldin oder ein einsamer Held, alleingelassen von Menschheit und Weltenseele und doch stark wie ein Fels, du brauchst niemanden, wirklich ganz und gar niemanden … sagst du dir, während dir eigentlich zum Heulen zumute ist. Aber jetzt getröstet werden? No way! Du bist nicht den ganzen Weg alleine gegangen, um jetzt einzuknicken. Nein, dein Schmerz ist größer und bedeutender als alles, was irgendjemand einfach so kleintrösten könnte. In diesem Ozean aus Tränen ist kein Platz für ein Rettungsboot ... das ist Trosttrotz, und manchmal muss der einfach sein. Vielleicht weil wir uns zunächst einmal selbst verstehen wollen, bevor wir das Verständnis anderer annehmen können, vielleicht weil wir eine kleine Schutzschicht auf der Wunde wachsen lassen wollen, bevor Mama pusten darf. Oder aber weil wir sichergehen wollen, dass uns niemand das Privileg nehmen darf, den eigenen Schmerz vor uns in Worte zu fassen.

Wer sich selbst in die Arme nimmt, hat keine Hand mehr frei, um andere abzuweisen.

Überhost

Das getriebene Gefühl, unbedingt ein guter Gastgeber, eine gute Gastgeberin sein zu wollen

Besuch kündigt sich an! Doch schon Stunden bis Tage vorher quartiert sich das Überhost-Gefühl ein. Es wird geplant, arrangiert, dekoriert, aufgeräumt und abgestaubt. Für die Gäste nur das Beste. Von der Vorspeise bis zum Nachtisch muss alles stimmen. Während andere vielleicht nur eine Tasse Tee und Kekse anbieten würden, verwandelt sich bei Menschen, die sie sich überhostig fühlen, das Wohnzimmer in ein 3-Sterne-Restaurant. Die besten Teller? Natürlich! Kerzen? Warum nicht? Schnell im Möbelhaus noch passende Untersetzer besorgen? Eine vernünftige Idee! Und was ist mit einer nussfreien Nachspeisenvariante, wir wissen ja nicht, vielleicht kommt ein Allergiker? Auch das! Wir wollen, dass sich jeder wohlfühlt, und vergessen dabei fast, uns selbst einmal zu entspannen. Doch inmitten all der sportlichen Über-Gastfreundschaft merken wir vielleicht, dass es nicht die Teller oder das Menü sind, die zählen, sondern die Zeit, die wir gemeinsam verbringen.

Die besten Zutaten für einen gelungenen Abend kommen eben immer noch von Herzen und nicht aus dem Rezeptbuch.

Überwindungsstolz

Das tolle Gefühl, über den eigenen Schatten zu springen

In den tiefsten Winkeln unserer Persönlichkeit, da, wo Zweifel und Ängste heimlich finstre Pläne schmieden, befindet sich auch der Ort, an dem der Überwindungsstolz geboren wird. Jeder von uns kennt das Zögern vor einer Herausforderung, das flatternde Herz, das mächtige Gefühl der Unsicherheit, das uns erfasst, wenn wir vor einer Aufgabe stehen, die größer erscheint als wir selbst. In solchen Momenten ist es, als ob unsere innere Helikoptermutter uns zurückziehen, uns davon abhalten will, das Risiko einzugehen. »Dafür bist du noch nicht groß genug, mein Schatz …«

Doch dann, im unerwarteten Augenblick des Mutes, wenn das Zaudern von der Entscheidung überholt wird hineinzuspringen, genau dann entsteht der Überwindungsstolz. Es ist dieser süße, triumphale Moment, in dem wir trotz unserer Ängste und Hemmungen einfach handeln, uns unserer inneren Bedenkenträgerin stellen und sagen: »Ich schaffe das.«

Überwindungsstolz ist kein flüchtiges Gefühl. Es wirkt tief und lange nach, er impft uns gegen Mutlosigkeit und Selbstzweifel und muss nur ab und an aufgefrischt werden. Es ist der Stolz, der aus der Anerkennung unserer eigenen Stärke, unserer Fähigkeit, über uns selbst hinauszuwachsen, entsteht.

Wenn wir auf etwas stolz sein dürfen, dann auf unseren Überwindungsstolz.

Uileichterung

Die tiefe Erleichterung, die folgt, wenn eine drohende Katastrophe gerade noch abgewendet wurde

Wir alle kennen diese Momente: eine rote Ampel, die man gerade noch gesehen hat, die fast verschickte Nachricht an die falsche Person oder die verlegte Brieftasche, die nach einer halben Stunde panischen Suchens doch in der Jackentasche auftaucht. Es sind diese atemraubenden Sekunden zwischen »Oh nein!« und »Puh, noch mal Glück gehabt!«, die uns Uileichterung erleben lassen. In diesem kurzen Zeitfenster scheint die Welt stillzustehen, das Herz setzt aus, um dann im nächsten Moment doppelt so schnell zu schlagen. Diese Dramaturgie von Panik zu Erleichterung erinnert uns daran, wie unberechenbar das Leben sein kann, wie oft kleine Zufälle den großen Unterschied machen können, aber auch wie viel trügerische Sicherheit uns unsere vertraute Umgebung schenken kann. Wer weiß, vielleicht brauchen wir solche kurzen Schreckmomente manchmal sogar, diese Spannung zwischen Fastkatastrophe und Entkommen, das Adrenalin und die Aufregung, die in die Entspannung und Sicherheit, die Uileichterung, übergehen – sie pfeffern den Alltag auf, reißen uns raus, nehmen uns mit und setzen uns dann ganz gelöst wieder zu Hause ab.

Im »Was-wäre-wenn« verbirgt sich die Dankbarkeit für das »Was-wirklich-ist«.

Urlaubsgefühle

Guten Tag! Wir begrüßen dich an Bord unseres gefühlvollen Langstreckenflugs und heißen dich herzlich willkommen auf dieser stimmungsreichen Abenteuerreise zu den schönsten, spannendsten und aufregendsten Gefühlen, die wir abseits des Alltags kennen – den Urlaubsgefühlen. »Gemach, gemach«, wirst du dir vielleicht denken, »Urlaubsgefühle, schön und gut, aber dafür brauche ich kein Buch, die werden mir schon en masse in Reiseprospekten angepriesen!« Wohl wahr, aber ist dir schon aufgefallen, dass Urlaubsgefühle einer Dramaturgie folgen, die wir sonst nur aus Liebesgeschichten kennen? Na dann, los! Alles beginnt mit der …

Urlaubssehnsucht

Wenn wir uns nach Urlaub sehnen

Es ist ein Gefühl des Schmachtens, Darbens und Neidens, des kleinen Fernwehs, wenn wir schon so lange keinen schönen Urlaub mehr hatten und uns einfach nur das wünschen, was für alle anderen so normal zu sein scheint. Da ist dieses Verlangen nach Entspannung, Abenteuern und neuen Erfahrungen. Meistens können wir dieses Gefühl gut verdrängen, doch spätestens, wenn wir Menschen sehen, die frisch gebucht haben oder gerade glücklich aus dem Urlaub kommen, merken wir die Sehnsucht in uns, und wir fangen an, uns auf die Suche zu machen. Vielleicht suchen wir erst mal nur nach dem kurzen Spaß für ein Wochenende oder machen uns gleich auf die Suche nach etwas Langfristigem – drei Wochen oder mehr. Dafür geben wir uns Mühe, durchforsten Apps und Urlaubsportale oder finden unser Glück ganz oldschool in einer eigens dafür geschaffenen Lokalität, dem Reisebüro. Dann kommt die ...

Urlaubsaufregung

Die Aufregung kurz vor Reiseantritt

Haben wir endlich den richtigen Urlaub oder die richtige Reise unter all den Angeboten ausgemacht, steigt die Aufregung. Wird alles so sein, wie wir es uns vorstellen, oder sind wir vielleicht nur auf oberflächliche Versprechungen hereingefallen? Wie vorm ersten Date steigt das Herzklopfen, die Vorfreude wächst, und wir können es kaum erwarten, die Koffer zu packen und loszufahren. Die Zeit vor der Abreise ist geprägt von einem Mix aus Vorfreude und Torschlusspanik, dem Gedanken, dass jetzt die letzte Gelegenheit ist, alles vorzubereiten und sicherzustellen, damit der Urlaub perfekt wird. Dann aber kommt der große Tag: Wir lassen unser alltägliches Leben hinter uns und lassen uns auf eine neue Erfahrung ein. Was kommt, ist der …

Urlaubsehnhoneymoon

Wenn wir den Urlaub so richtig genießen

Der Urlaub selbst fühlt sich oft an wie ein Honeymoon. Alles ist aufregend, neu und voller Möglichkeiten. Man genießt die Reise frei und gelöst, sammelt täglich neue Eindrücke und Erfahrungen, lässt die Gedanken und Fantasien in Sphären jenseits des Alltags wandern. Es ist eine Phase der intensiven Wahrnehmungen, des Glücks und der Leichtigkeit. Doch irgendwann naht der Abschied, die Zeit des Verlassens, ein Gefühl, das sich ähnlich beschreiben lässt wie Liebeskummer, also der …

Abreisekummer

Die Wehmut, wenn wir an unseren Urlaub zurückdenken

Der Abreisekummer kann sich schon in Zeiten des Urlaubsglücks ankündigen. Man merkt, dass die Zeit im Urlaub begrenzt ist und sich langsam dem Ende zuneigt. Es entsteht eine Wehmut, ein Gefühl des Vermissens, wenn man sich von den schönen Erlebnissen, den besonderen Orten und den Menschen, die man kennengelernt hat, verabschieden muss. Die Rückkehr in den Alltag kann mitunter schwerfallen. Man sehnt sich nach dem Gefühl der Freiheit und Sorglosigkeit. Man vermisst die Gelassenheit und die Leichtigkeit des Seins, die man im Urlaub erfahren hat. Es entsteht eine Art Post-Ferien-Melancholie, eine Sehnsucht nach dem Besonderen, das man während des Urlaubs erlebt hat.

Was nehmen wir von dieser Reise mit? Urlaubsgefühle sind die Kreuzfahrt unter den Emotionen, die uns von der Sehnsucht über die Aufregung, den Honeymoon, bis zum Abreisekummer nach dem Urlaub mitnehmen. Sie lassen uns das Leben intensiver spüren und erinnern uns daran, wie wichtig es ist, auch im Alltag Momente des Glücks und der Auszeit zu finden.

Ein weiteres Gefühl, dass uns im Urlaub hin und wieder begegnet, wollen wir aber nicht vergessen. Hier kommt die …

Deutscham

Fremdscham, die uns selbst betrifft: Wenn wir uns für unsere Landsleute schämen

Das Gefühl der Deutscham ist wie ein schäbiges Badehandtuch, das den besten Platz am Strand reserviert. Es begegnet uns meist im Urlaub, also dort, wo wir versuchen, uns als gute Gäste zu benehmen und empathisch mit den »Augen der Anderen«, also z. B. der einheimischen Hotelangestellten, auf uns selbst, sprich: auf unsere urlaubenden Mitbürger zu schauen, und mal wieder schmerzlich realisieren müssen, wie peinlich »wir« sein können.

Es gibt viele, viele, viele Beispiele für deutsche Fettnapf-Kolonien im nahen und fernen Ausland. Wir können uns den mittelfränkischen Familienvater vorstellen, der mit geradezu missionarischer Beharrlichkeit sein Weizenbier bestellt – als sitze er nicht im Straßenrestaurant auf Bali, sondern in seiner Wirtschaft in Bamberg. Oder den pfälzischen Pauschaltouristen, der mangels Fremdsprachenkenntnis einfach ganz laut und immer lauter Deutsch spricht, im Glauben, so könne ihn die Frau an der Rezeption besser verstehen.

In solchen Momenten wollen wir am liebsten auswandern, eine andere Nationalität annehmen. Dann versuchen wir vielleicht, das peinliche Verhalten unserer Mitbürger durch vorbildliches Benehmen wieder wettzumachen, zeigen demonstrativ Landes- und Sprachkunde und starten damit ein neues Kapitel der Peinlichkeit – ein Teufelskreis.

* * *

Wachwut

Das Gefühl der Wachwut wird all jenen bekannt sein, die schon mal eine schlaflose Nacht erlebt haben

Der Körper ausgepowert, das Kissen ausgeschüttelt, du lässt dich ins Bett fallen und könntest selig einschlafen – alles bereit zum Abflug ins Traumland! Doch wer sitzt am Gate und wird nicht aufgerufen? Du! Während alles um dich herum friedlich schlummert, findest du keine Ruhe. Erst sind es vielleicht noch ein paar stressige Gedanken oder unangenehme Körperempfindungen, die dich vom Schlafen abhalten, doch dann kommt meist die bittere Einsicht, dass der nächste Tag nicht mehr vollständig ausgeruht zu erreichen ist.

Jetzt schleicht es sich an, dieses paradoxe Gefühl, das entfernt mit dem Selbsthass verwandt ist. Es schiebt das schüchterne bisschen Schläfrigkeit, das vielleicht schon da ist, beiseite und … zack – Bühne frei für die Wachwut: Wenn du dich darüber ärgerst, dass du dich selbst vom Schlafen abhältst, weil du dich darüber ärgerst, dass du dich darüber ärgerst, dass du dich selbst vom Schlafen abhältst.

Schläfst du schon, oder schäumst du noch?

Waldmüdigkeit

Das Gefühl, am liebsten alles stehen und liegen zu lassen, um sich auf einen moosigen Waldboden zu legen

Je hektischer und unsicherer die Zeiten um uns herum werden, desto größer wird uns das kleine Gefühl der Waldmüdigkeit. Im Gegensatz zur alltäglichen Müdigkeit können wir sie nicht einfach wegschlafen. Sie geht tiefer, es ist eine Müdigkeit von »allem«, eine Müdigkeit, die uns dahinzieht, wo die Dinge in ihrem eigenen Rhythmus laufen, ganz ohne dass man sie dafür antreiben müsste. Es ist ein Ruf, zur Natur zurückzukehren, sich vom Chaos der Welt zu lösen und Trost in den einfachen Dingen zu finden: Bau dir eine Höhle, roll dich über eine Wiese, leg dich an den Strand, versteck dich im Herbstlaub, oder lass dich auf moosigem Boden nieder, umgeben von der Schönheit des Waldes. Egal, wie: Das Gefühl ist deine persönliche Erinnerung daran, dass du ein Teil der Natur und keine Maschine bist. Es fordert dich auf, langsam zu gehen, tief zu atmen und einfach zu sein, und ist damit deine Chance, dich aufzuladen und zu erneuern. Also auch und gerade dann, wenn du in einer baumarmen Großstadt lebst:

Hör auf den Ruf des Waldes!

Wanab

Der kurze und meist verborgene Stolz, eine neue Lebensphase erreicht zu haben

Wanab erreicht jeden auf seinen ganz eigenen Wegen. Bei den einen mag es aufblitzen, wenn es nach all den Jahren mit ausgefranztem Backpacker-Rucksack das erste Mal mit einem ordentlichen Rollkoffer in den Urlaub geht. Andere trifft es beim Aufschließen der ersten eigenen Wohnung oder beim Entkorken der ersten vernünftigen Flasche Wein, die man sich geleistet hat. Andere erwischt es auf der Straße oder im Geschäft, wenn man auf einmal gesiezt statt wie bis dahin üblich »nur« geduzt wird. Die Karriereleiter kann uns auf jeder Sprosse mit einem kleinen Wanab belohnen; und natürlich finden wir Wanabs auch im Privaten: Nach der Hochzeit fühlen wir uns wanab. Und nach der Scheidung vielleicht auch. Frischgebackene Eltern schauen sich in die Augen und fühlen sich gleichzeitig wanab. Die Kindheit und Jugend sind selbstredend voller Wanab-Momente – von der Einschulung bis zum ersten Kuss und noch darüber hinaus.

Natürlich kann das Wanab auch im hohen Alter noch auf uns warten – es ist schließlich nie zu spät, sich gut zu fühlen.

Wangst

Die Angst davor, etwas zu wissen, was einem noch mehr Angst machen könnte

Menschen sind paradoxe Wesen – immer mit dem Problem beschäftigt, möglichst problemlos durchs Leben zu kommen. Dabei entstehen manchmal Lösungen, die kurzfristig für Entspannung, langfristig aber oft für nur noch mehr Probleme sorgen. Irgendwo in diesem Spannungsfeld tummelt sich auch die Wangst.

Wir wissen zum Beispiel, dass es das Beste ist, zum Arzt zu gehen, wenn unser Körper zwickt. Manchmal wollen wir aber lieber nicht wissen, was hinter dem Symptom steht und gehen eher nicht zum Doc. Und wer kennt es nicht: Der neue Nachbar schleppt nachts schwere Müllsäcke in seinen Kofferraum – und wir? Grüßen am nächsten Morgen, als wäre nichts gewesen, und leben fortan in der Wangst vor dem möglichen Serienkiller nebenan, der vermutlich tagsüber einfach keine Zeit hatte, den Müll rauszubringen. In der Alltagssprache versteckt sich die Wangst in Formulierungen wie »Das will ich lieber nicht wissen« oder im Klassiker »Was ich nicht weiß, macht mich nicht heiß«.

Die extreme Form der Wangst ist auch der Wissenschaft bekannt: Epistemophobie ist die irrationale Angst vor neuem Wissen.

Wiederlesensfreude

Das wohlige Gefühl, ein Buch nach langer Zeit wieder für sich zu entdecken

Vielleicht entdecken wir es in einer Buchhandlung oder auf dem Flohmarkt, vielleicht wartet es auch schon seit Jahren geduldig in unserem Regal: ein Buch, das wir vor Jahren mal gelesen haben und nun wieder vor uns liegt. Es ist, als würde man einen alten Freund nach langer Zeit wiedersehen, und während wir durch die ersten Seiten blättern, spüren wir eine warme Welle der Nostalgie, die durch uns hindurchströmt.

Das Lesen des Buches ist nicht mehr nur ein erneutes Eintauchen in eine geliebte Geschichte, es wird zu einer Zeitreise. Wir erinnern uns an den Ort, an dem wir es zum ersten Mal gelesen haben, an die Gefühle, die es damals in uns ausgelöst hat, und an die Person, die wir zu jener Zeit waren. Aber wie bei einem Treffen mit einem alten Freund stellt man fest: Man hat sich weiterentwickelt. Und so nehmen wir das Buch nun mit anderen Augen wahr.

Plötzlich fallen uns Details auf, die uns beim ersten Lesen vielleicht entgangen sind. Vielleicht, weil wir damals zu jung waren, um sie zu verstehen, oder weil wir uns in einer anderen Lebensphase befanden. Es ist ein besonderes Gefühl, gleichzeitig vertraut und neu – als würden wir nach einer langen Reise zurück nach Hause kommen.

Wiederlesensfreude ist, wenn wir alte Freunde von ganz neuen Seiten kennenlernen.

Woduhin

Die Sehnsucht nach der früheren Version eines geliebten Menschen

Menschen verändern sich, entwickeln sich weiter und durchlaufen verschiedene Phasen ihres Lebens. Das ist klar. Denken wir zum Beispiel an einen Mann, der die junge Frau vermisst, die mit ihm die Nächte durchtanzte, an die Freiheit, die er in ihren Augen sah, bevor sie mit ihm eine Familie gründete, und nun ein »ganz anderer« Mensch ist. Stellen wir uns die Mutter vor, die sehnsüchtig an ihren Sohn zurückdenkt, als er noch klein war, mit seinen Patschhänden und seinem Kinderlachen – und sich nicht wie jetzt, pubertär und trotzig im Kinderzimmer einsperrt.

Dieses Gefühl ist nicht bloße Nostalgie. Es ist eine Art Melancholie, die aus der Erkenntnis entsteht, dass Veränderung unvermeidlich ist. Ein kleiner, stummer Schmerz, der uns daran erinnert, wie kostbar jeder Moment ist und wie schnell die Zeit vergeht. Gleichzeitig steckt darin die Versuchung, unsere Lieben genau so festzuhalten, wie sie gerade sind. Sie zu konservieren, was vergeblich ist. Doch es gibt auch Trost. Denn mit jeder Veränderung eröffnen sich auch neue Facetten eines Menschen, die wir ebenso lieben lernen können.

Wir können Woduhin überwinden, indem wir begreifen, dass nicht nur die Person wächst und sich entwickelt, sondern auch unsere Beziehung zu ihr.

Wurgs

Das »Jetzt-ist-auch-egal«-Gefühl

Wurgs ist ein kleines Gefühl mit doppeltem Boden. An der Oberfläche steckt in Wurgs etwas zugleich Frustrierendes als auch Belohnendes, wie ein Trostpreis, den wir erhalten, wenn wir uns zwar angestrengt, aber doch nichts erreicht haben. Wenn wir zum Beispiel den halben Nachmittag geputzt haben und dann eine ganze Ladung Kinder mit dreckigen Schuhen über den Flur tobt, können wir uns sagen »Jetzt ist es auch egal« und den dreckigen Wischmopp gegen ein kühles Glas Chardonnay eintauschen. Oder wenn wir uns sehr viel Mühe beim Kochen geben, falsch würzen, innerlich kurz zusammenbrechen, aufatmen und dann einfach beim Italiener bestellen. Eventuell lauert in der Tiefe dieses kleinen Gefühls aber noch etwas anderes: Ist der Trostpreis vielleicht ein Trotzpreis? Legen wir es vielleicht manchmal darauf an? Wollen wir hinschmeißen? Scheitern wir extra, weil das »Jetzt ist auch egal« uns erlaubt, über die Stränge zu schlagen und uns von unseren Erwartungen und Ansprüchen befreit, die wir vielleicht ohnehin schon viel zu hoch angelegt haben? Oder, kurz gefasst: Machen wir die Diät nur, damit wir uns mit einer Torte über ihr Scheitern hinwegtrösten können?

»Schön hier, auf dem Boden! Warum bin ich nicht schon viel früher gestolpert?«

Wurmstolz

Wenn man auf etwas stolz ist, für das man sich eigentlich schämen sollte

Schon mal bei Rot über die Ampel gefahren, weil gerade keiner da war? Oder die privaten Bücherkäufe in der Steuererklärung als Betriebsausgabe deklariert? Beim Einbiegen in die Supermarktschlange noch schnell eine Oma überholt? Dann kennst du Wurmstolz vielleicht aus eigener Erfahrung.

Zugegeben, viele Menschen sind so integer, dass es tatsächlich nichts gibt, worauf sie wurmstolz sein könnten. Manch andere führen ihren Wurmstolz zumindest hin und wieder ins Licht der Öffentlichkeit. Wenn dies der Fall ist, erkennt man es meistens an Sätzen wie »Ich bin da jetzt nicht stolz drauf, aber …«, dicht gefolgt von Schilderungen, die beim Zuhörer umso mehr Scham auslösen, je mehr dreister Stolz in ihnen liegt.

Du kennst Wurmstolz nicht? Dann darfst du jetzt stolz auf dich sein.

Wutseligkeit

Wenn wir uns an unserer eigenen Wut laben

Wutseligkeit ist eine komplexe und intensive Emotion, die zunächst befreiend, dann aber gefährlich sein kann. Es ist, als ob wir auf einer Lawine des Zorns ins Tal der Ausweglosigkeit surften. Zunächst mag es uns noch einen Adrenalinkick geben, uns von den Fesseln der Contenance befreien und uns ungehemmt für unser Recht eintreten lassen. Dann aber nimmt die Lawine Fahrt auf, verschluckt uns mitsamt all unseren guten Intentionen und türmt sich auf zu einer unguten Mischung aus Gehässigkeit, Kälte und Genugtuung, bis sie uns früher oder später nackt und verletzlich wieder ausspuckt. Natürlich kann sie auf ihrem Weg so allerhand Schaden anrichten. Die Kunst besteht darin, die Lawine erst gar nicht zu einer werden zu lassen. Besser ist es, deine Wut anzunehmen und sie in gesunde Bahnen zu lenken – so kann sie dir zu einer Quelle der Stärke, Kreativität und positiven Transformation sein kann.

Viel Spaß beim In-die-Luft-Gehen! Wir sehen uns dann auf dem Boden der Tatsachen wieder.

Wuwut

Sag Hallo zur Matroschka-Puppe unter den negativen Gefühlen

Wer stets die Contenance bewahren kann, hat sich einen Platz im Pantheon der Stoiker verdient. Viele andere verlieren die Beherrschung hin und wieder. Das ist nicht weiter schlimm und so weit ganz alltäglich, außer aber, man will genau das – also wütend, zornig, fassungslos – nicht und niemals sein. »Was habe ich mich bloß so geärgert?« oder »Wie konnte ich nur so die Fassung verlieren?« sind typische Gedanken, wenn Wut und makelloses Selbstbild im Clinch liegen. Jetzt ist die Zeit der Wuwut gekommen, also wenn du merkst, dass du dich darüber ärgerst, dass du dich überhaupt geärgert hast. Wie du die Wuwut wieder abbaust? Denk an die Matroschka-Puppe, die wird mit jedem Vorgang immer kleiner. Beim nächsten Mal legst du also am besten noch eine Schippe drauf, und ärgerst dich darüber, dass du dich darüber ärgerst, dass du dich darüber ärgerst, dass du dich darüber ärgerst, dass du dich …

… warte mal, worüber hast du dich ursprünglich noch einmal geärgert?

Zauderlust

Die Freude am Dagegensein

Hast du dich schon mal angestellt? Nein, nicht an der Supermarktkasse oder der Kioskschlange im Freibad, sondern so, dass andere sagten: »Jetzt stell dich doch nicht so an!«? Vielleicht beim Sprung in ein kaltes Becken oder beim Ausprobieren einer neuen Speise? Manchmal sind wir dagegen, weil wir gute Gründe dafür haben, weil wir vielleicht schnell frieren und uns das Wasser tatsächlich zu kalt ist, manchmal aber kann es sein, dass wir dagegen sind, weil wir ... ja, warum eigentlich? Brauchen wir immer einen Grund, dagegen zu sein? Manchmal kitzelt es uns einfach, und wir antworten auf all die tollen Pläne und Vorschläge, Ideen und Anweisungen der anderen innerlich mit einem klaren »Nö!«. Dies als Zaudern und Anstellen auszulegen ist dann höchstwahrscheinlich nur der schwache Versuch der anderen, uns doch noch ein »Ja, okay!« abzuringen. Und warum empfinden wir die Zauderlust? Vielleicht fühlen wir uns von den Überzeugungsversuchen überrumpelt, wollen nicht »einfach so« zustimmen, wollen unter Beweis stellen, dass wir einen eigenen Kopf haben, auch wenn wir gerade gar nicht wissen, was dieser Kopf will. Auf jeden Fall kommt eine gewisse Freude auf, ein Schalk, wir stellen uns an und genießen dabei unsere Autonomie, wie der Dreijährige, der sich weigert, seine Regenjacke anzuziehen, obwohl es draußen Bindfäden regnet. Die Eltern bringt das an den Rand des Wahnsinns, den Kleinen ins Zentrum seiner Selbstbestimmtheit.

Jedem Zaudern wohnt ein Zauber inne.

Über den Autor

Hans-Christian Biller lebt mit seiner Familie in Leipzig und arbeitet als Verhaltenstherapeut in eigener Praxis. Vor seiner psychotherapeutischen Laufbahn war er als selbstständiger Texter und Autor tätig. Mit kleinen und großen Gefühlen beschäftigt er sich nach eigenen Angaben schon, solange er denken kann, vermutlich aber sogar noch viel länger.